“Interest will not lie.”

- 17세기 서양 격언 -

비용편익분석의 이해

Understanding the Cost-Benefit Analysis

김성준 · 오정일

경북대학교출판부

저자소개(가나다 순)

김성준
(현) 경북대학교 행정학부 교수
고려대학교 경제학과 졸업
University of Texas (Dallas) 행정학 석사 및 정치경제학 박사
한국행정연구원 수석연구원, 서울시정개발연구원 부연구위원
연구분야: 행정경제분석, 공공선택이론, 정부규제

오정일
(현) 경북대학교 행정학부 교수
서울대학교 경제학과 졸업
Cornell University 정책학 박사
산업연구원 연구위원
연구분야: 비용편익분석, 법경제학

비용편익분석의 이해

찍은날 2012년 1월 3일 | **펴낸날** 2012년 1월 6일
지은이 김성준·오정일 | **펴낸이** 함인석 | **펴낸곳** 경북대학교출판부
출판등록 1973년 10월 10일 ㉣97호 | **주소** 대구광역시 북구 대학로 80번지
전화 053-950-6741~3 | **팩스** 053-953-4692 | **E-mail** press@knu.ac.kr

ISBN 978-89-7180-333-2 93350

값은 표지 뒷면에 있습니다.
파본은 바꾸어 드립니다.

머리말

현대 행정의 핵심어 가운데 하나가 '평가'라는 것은 누구도 부인하기 어려울 것이다. 정책평가, 성과평가, 기관평가, 환경영향평가, 규제영향평가, 역량평가, 시민평가 등 바야흐로 '평가의 시대'이다. 그런데 모든 평가에 있어 가장 중요한 것은 객관성과 공정성의 확보이며, 이를 위해서는 합리적이면서 과학적이고 체계적인 접근을 해야 한다. 이 책에서 소개하는 비용편익분석은 바로 이러한 객관적이고 공정한 평가를 위해 개발된 분석기법 가운데 하나이다.

비용편익분석은 특히 공공부문에서 구체적인 정책과 사업에 대한 정책대안을 평가하는 기준으로 다양한 대안들 가운데 최선의 것을 선택하는 데 이용된다. 이때 최선의 의미는 정책의 소망성(desirability)과 관련된 것으로, 어떤 입장에서 보느냐, 추구하는 목적이 무엇이냐에 따라 의미가 달라진다. 여기서 소망성은 정책결정자나 특정 이익집단의 입장이 아니며, 사회 전체의 이익(공익)을 추구하는 윤리적인 기준이다. 정책의 소망성에 대한 평가기준에는 다양한 하위 기준들이 존재한다. 비용편익분석은 이 중에서도 '효율성'을 측정하기 위한 기법으로 많은 선진 국가에서 가장 보편적인 수단으로 활용되고 있다. 비용편익분석의 궁극적인 목적은 서로 다른 대안들 가운데 효율성의 측면에서 가장 바람직한 대안을 제시하여 합리적인 의사결정(정책결정)이 가능하도록 하는 것이다.

정부가 존재하는 근본적인 이유는 국민이 보다 행복한 삶을 영위할 수 있도록 복지(welfare) 수준을 향상시키는 것이다. 정부는 어떤 정책과 사업을 통해 국민의 복지를 향상시킬 수 있을까를 고민해야 하는데, 이때 가장 큰 고민은 가용할 수 있는 자원이 제한적이라는 데 있다.

결국 이러한 제약조건 때문에 정책과 사업의 '우선순위'를 정하는 것이 매우 중요하다. 우선순위를 정하는 가장 보편적인 접근방법은 정부가 하는 일에 소요되는 정부지출의 경제성(효율성)을 분석하여 사회적 비용과 사회적 편익을 비교하는 것이다.

이렇듯 정부가 하는 일의 우선순위를 정하고 주어진 자원의 최적 이용을 도모하는 이론적 기법이자 현실적인 수단이 비용편익분석이다. 그러나 비용편익분석의 활용에 대한 필요성과 중요성이 점점 커지고 있음에도 불구하고 이에 대한 정부관계자나 관련 전공 학생들의 이해도는 매우 부족한 것이 현실이다.

우리는 그 이유 중의 하나로 비용편익분석과 관련된 기초 수준의 저서가 부족하기 때문이라는 데 의견을 같이하였다. 이 책은 비용편익분석에 관심이 있는 학생, 연구자, 정부관계자들에게 가장 기초적인 내용을 이해시키려는 목적으로 쓰여졌다. 또한, 연구논문을 작성할 때와 같이 지나치게 학문적인 용어나 분석적인 내용은 가급적 최소화하고자 노력하였다. 다만, 이를 필요로 하는 이들을 위해 참고문헌을 제시하였다.

책 내용의 대부분은 기존 문헌과 아이디어에서 나온 것이다. 필자들은 그동안 학교와 정부기관에서의 강의안을 준비하면서 수집한 문헌과 자료들을 학습자들이 이해하기 쉽도록 정리하고 수정했을 뿐이다. 따라서 이 책은 그동안 상아탑과 행정 현장에서 비용편익분석을 고민하고 발전시켜 온 관련자들의 공로를 바탕으로 완성된 것이다.

책이 완성되기까지 많은 분들의 도움을 받았다. 원고의 처음부터 끝까지 자료수집과 교정을 함께 해 준 경북대학교 최정택 박사와 행정학과 대학원

하선권 군, 박현주 양에게 감사의 말을 전한다. 특히, 어려운 환경에서도 좋은 책을 정성으로 만들어 주신 경북대학교출판부 여러 선생님들께 진심으로 감사드린다. 마지막으로 집필상의 모든 오류는 필자들의 책임임을 밝힌다.

2011년 겨울

김성준 · 오정일

목차

Understanding
the Cost-Benefit Analysis

제1부 기초이론

제1장 개관

제2장 효율성

제3장 편익과 비용의 측정

제1장 | 개관

여기서는 먼저 비용편익분석의 이론적인 기초가 되는 두 명제에 대해 설명한 후, 비용편익분석의 일반적인 수행 절차와 비용편익분석에 대한 두 개의 상이한 시각을 소개한다.

1절 / 이론적 배경

비용편익분석은 기본적으로 두 개의 가정을 바탕으로 성립한다. 첫 번째, 인간은 누구나 예상되는 이득이 손실보다 큰 대안을 선택한다는 합리적 선택(rational choice)의 가정이다. 두 번째 가정은 사회는 하나의 독립된 유기체(organism)가 아니라 구성원인 개인들의 합(合)이라는 것이다. 이렇게 되면 사회적 이득은 사회를 구성하는 개인들의 이득을 합한 것, 사회적 손실은 각 개인의 손실의 합이 된다.

이상의 두 가정을 받아들이면 사회적으로 바람직한 대안을 선택하는 기준이 만들어진다. 즉, 사회적으로 바람직한 대안은 그것으로부터 발생하는 사회적 이득이 사회적 손실보다 큰 것이다. 따라서 개인의 이득의 합이 손실의 합을 초과하는 대안을 선택하는 것이 사회적으로 바람직하다고 할 수 있다.[1]

비용편익분석은 사회를 구성하는 개인의 이득(편익)과 손실(비용)을 화폐 단위로 측정해서 각각 합산한 후 양자를 비교하는 것이다. 편익과 비용을 비교하는 방법에는 편익에서 비용을 뺀 순편익(net benefit)을 측정하는 것과 편익을 비용으로 나눈 비율을 계산하는 것이 있다. 전자의 경우에는 순편익이 정(+)인 대안이, 후자의 경우에는 비용 대비 편익의 비율이 1보다 큰 대안이 선택된다. 이러한 이유로 비용편익분석을 통해 선택된 대안이 도덕적 혹은 정치적 측면에서 타당하다는 보장은 없다. 비용편익분석을 경제적 평가(economic evaluation)라고 하는 이유가 여기에 있다. 물론, 현실적으로 비용편익분석이 주관적인 가치 판단으로부터 완전히 자유로운 것은 아니다. 사회적 편익이 개인의 편익의 합이라고 하더라도 모든 사람의 편익에 동일한 가중치(weight)를 부여해야 하는 것은 아니기 때문이다. 개인의 편익을 어떤 방식으로 합산할 것인가에 대한 보편적인 원칙은 없기 때문에 분석가의 주관이 개입할 여지가 있다. 예를 들어, 극단적인 공리주의자는 경제적 지위(부자 혹은 빈자)에 관계없이 모든 사람의 편익을 동일시하기 때문에 부자와 빈자에 동일한 가중치를 적용할 것이다. 반면, 평등주의적인 세계관을 가지고 있는 사람은 부자에 비해 빈자의 편익에 상대적으로 높은 가중치를 적용할 것이다.[2,3]

---

1 사회적 편익과 비용을 개인의 편익과 비용의 합으로 정의하는 것은 공리주의(utilitarianism) 철학을 반영한 것이며 사회적 편익이 사회적 비용보다 큰 대안을 선택하는 원칙은 개인 간 효용의 크기를 비교할 수 있다는 것을 전제로 한다. 비용편익분석과 공리주의와의 연관성은 제10장에서 자세히 논의한다.

2 극단적인 평등주의자인 롤즈(J. Rawls)는 한 사회에서 가장 가난한 사람의 효용을 극대화하는 것이 바람직하다고 주장하였다. 이는 가장 가난한 사람의 효용이 그 사회의 후생이라는 것을 의미한다. 개인의 편익을 어떤 방식으로 합산해서 사회적 편익을 측정할 것인가는 개인의 효용함수로부터 사회후생함수(social welfare function)를 도출하는 문제라고 할 수 있다. 다음과 같은 앳킨슨(Atkinson)의 사회후생함수를 가정하자.

$$(1/1-v)\int_{-\infty}^{\infty}(u(w)^{1-v}f(w))dw,\ 0 \leqq v < 1$$

역사적으로 비용편익분석이라는 개념이 명시적으로 사용된 것은 1936년 미국에서 제정된 '홍수조절법(Flood Control Act)'이 처음이라고 할 수 있다. 하지만 이 개념이 이론적 근거를 얻게 된 것은 1950년대에 소위 후생경제학(welfare economics)이 등장하면서이다. 후생경제학은 크게 세 가지 측면에서 비용편익분석에 이론적 근거를 제공하였다.

첫째, 편익은 단순히 금전적 이익이 아니라 후생 상의 이득으로 해석되고, 비용은 금전적 지출(expenditures)이 아닌 후생 상의 손실로 간주된다. 여기서 후생은 효용(utility)과 유사한 개념이다. 특정 사업으로 인해 후생이 증가하면

---

u: 개인의 효용함수, w: 소득, f: 특정 소득 계층에 속하는 사람의 빈도(확률밀도함수)

v가 0이면 사회 전체의 후생은 아래와 같이 개인 효용의 가중 평균이 되는데 이를 공리주의적 사회후생함수라고 한다.

$$\int_{-\infty}^{\infty} (u(w)f(w))dw$$

반면, v가 1로 충분히 수렴하면 $u(w)^{1-v}$는 그 사회에서 가장 가난한 사람의 효용이 되기 때문에 사회후생함수는 아래와 같이 표현되며 이를 롤즈의 사회후생함수라고 한다.

$$\min[u(w_1),\ u(w_2),\ u(w_3) \ldots\ u(w_n)]$$

3 빈자의 편익에 상대적으로 높은 가중치를 적용하는 것은 불평등을 완화하기 위해서만은 아니다. 재화나 서비스에 대한 소비자의 선호(preference)를 가장 잘 나타내는 지표는 시장에서 형성된 가격이다. 그렇기 때문에 비용편익분석에서도 편익과 비용의 크기를 화폐적가치로 환산한다. 문제는 부자는 소득이나 자산이 많기 때문에 자신의 선호를 시장에서 충분히 나타낼 수 있는 반면, 가난한 사람은 선호를 충분히 표시할 수 없다는 것이다. 예를 들어, 소득이 많은 사람이 소형차를 구매한다면 이는 이 사람이 소형차를 선호한다는 것을 의미한다. 그러나 소득이 적은 사람이 소형차를 구매한다고 해서 이 사람이 소형차를 선호한다고 간주할 수 없다. 왜냐하면, 이 사람이 중형차를 선호함에도 불구하고 소득이나 자산이 적어서 소형차를 구매할 수 있기 때문이다. 이러한 문제를 자산 효과(wealth effect)라고 한다. 자산 효과가 존재할 경우, 개인의 편익을 시장에서 형성된 가격으로 측정하면 결과적으로 소득이 많은 사람의 편익이 과장된다. 이러한 문제를 해결하기 위해 가난한 사람의 편익에 큰 가중치를 적용하는 것이다.

편익으로, 후생이 감소하면 비용으로 간주된다.

둘째, 비용편익분석에서 비용의 개념은 기회비용(opportunity cost)이다. 특정 대안을 선택함으로써 다른 대안이 포기된다면 선택된 대안의 기회비용은 포기된 대안의 순편익 중에서 가장 큰 값으로 정의된다. 비용을 기회비용으로 정의하면 비용편익분석은 가능한 모든 대안의 순편익을 측정해서 비교하는 것이 된다.

셋째, 비용편익분석을 통해 편익과 비용을 측정한 후 양자의 차이나 비율이 가장 큰 대안을 선택하는 원칙의 타당성은 '칼도-힉스 보상 기준(Kaldor-Hicks compensation criterion)'에서 찾을 수 있다. 칼도-힉스 보상 기준을 설명하기 위해서는 먼저 '파레토 개선(Pareto improvement)'이라는 개념을 이해해야 한다. 파레토는 인간의 효용은 객관적인 숫자로 표시할 수 없고 선호의 순위(rank)로 나타낼 수 있다고 주장하였다. 파레토의 주장이 옳다면 사회 전체적으로 상황이 나아졌다고 하기 위해서는 사회구성원 모두의 효용이 종전보다 나빠지지 않아야 한다.

예를 들어, 한 사회를 구성하는 100명 중 99명의 효용이 증가하더라도 1명의 효용이 감소하면 이는 파레토 개선이 아니다. 왜냐하면, 99명의 증가된 효용이 1명의 감소한 효용보다 큰지 알 수 없기 때문이다. 개인의 효용을 숫자로 표시할 수 없기 때문에 99명과 1명의 효용의 크기도 비교할 수 없다.[4]

이러한 파레토 개선의 개념을 비용편익분석에 적용하면 어떻게 될까? 예를 들어, 정부가 특정 사업을 시행하면 순편익이 100억 원 발생한다고

4 이러한 파레토의 주장은 공리주의자의 생각과 대조된다. 공리주의자에게 있어서 개인의 효용은 숫자로 표시할 수 있기 때문에 개인 간에도 효용의 크기를 비교할 수 있다. 공리주의자에게는 100명 중 1명의 후생이 증가하고 99명의 후생이 감소하더라도 전자가 후자보다 크면 개선(improvement)이다.

가정하자. 순편익이 100억 원이라는 것은 사회 전체적으로 편익이 비용보다 100억 원 많다는 것이지 사회구성원 모두의 효용이 사업 전에 비해 증가했다는 것을 의미하지는 않는다. 만약, 이 사업으로 인해 사회구성원 중 일부의 효용이 감소한다면 설령 순편익이 100억 원이라 하더라도 파레토 개선이라고 할 수 없다. 즉, 순편익이 정(+)이라는 것은 파레토 개선의 충분조건이 아니다.

현실적으로 특정 사업을 통해 모든 사람의 효용이 증가하는 경우는 거의 없다. 따라서 파레토 개선이라는 기준을 적용하면 비용편익분석의 유용성은 현저하게 떨어진다. 이러한 문제를 해결하기 위해 일종의 완화된 형태의 파레토 개선이라고 할 수 있는 칼도-힉스 보상 기준이 제시된 것이다. 이 기준에 따르면 특정 정책이나 사업으로 인해 일부의 효용이 감소하더라도 다른 사람들의 효용의 증가가 더 크다면 시행하는 것이 바람직하다. 왜냐하면, 정부의 재분배(redistribution)를 통해 모든 사람의 효용이 사업 전보다 감소하지 않을 수 있기 때문이며, 이는 편익이 비용보다 큰 사업을 시행해야 한다는 주장과 일맥상통(一脈相通)한다.[5]

5 칼도와 힉스는 특정 사업의 시행으로 상대가격체계가 변할 수 있다는 점을 고려하지 않았다. 특정 사업으로 인해 상대가격체계가 변하면 변한 상대가격으로 측정한 순편익이 사업 시행 후 오히려 감소할 수 있다. 즉, 바뀐 상대가격을 기준으로 손실을 입은 사람들이 이득을 얻은 사람들을 보상해 줄 수 있는 상황이 발생할 수 있다. 스키토프스키(Scitovsky)가 이러한 가능성을 지적하였다. 대규모 사업으로 특정 재화나 서비스의 공급이 크게 증가하면 상대가격체계가 변하기 때문에 이러한 현상이 나타날 수 있다.

부록 1

1936년 홍수통제법(Flood Control Act)

1936년 루스벨트 대통령 재임 시 미국에서 '홍수통제법'이 제정되었다. 이 법률의 내용은 댐, 제방, 기타 홍수 방지 시설과 관련된 토목사업을 시행할 수 있는 권한을 연방정부에 부여하는 것이다. 이 법률이 통과되기 전까지 이러한 사업은 주정부의 권한이었다. 루스벨트 정부가 연방정부의 권한을 확대한 이유는 대공황에서 벗어나기 위함이었다. 1935~1936년에 루스벨트 정부는 경기 진작, 사회안전망 확보, 경제의 구조 조정 등을 위한 법률을 제정하였는데, 홍수통제법도 이러한 배경에서 제정되었다. 구체적으로 홍수통제법 제1조는 다음과 같다.

[표 1-1] 1936년 홍수통제법 제1조

> It is hereby recognized that destructive floods upon the Unites States … constitute a menace to national welfare; that it is the sense of Congress that flood control is a proper activity of the Federal Government in cooperation with States; that investigations and improvements of rivers and other waterways … are in the interest of the *general welfare*; that the Federal Government should improve or participate in the improvement of navigable waters or their tributaries … if *the benefits to whomsoever they may accrue are in excess of the estimated costs, and if the lives and social security of people are otherwise adversely affected.*

홍수통제법에서는 홍수가 지역적 문제가 아닌 국가적 문제 즉, '일반적인 복지(general welfare)' 문제로 인식되었다. 또한, 홍수 통제를 위한 연방정부의 사업이 시행되기 위한 두 가지 조건이 제시되었다. 첫째, 연방정부가 개입하지 않으면 시민의 생명과 사회 안전에 부정적인 영향이 발생해야 하며, 둘째, 사업의 시행으로 발생하는 편익(benefits)이 예상되는 비용(estimated costs)보다 커야 한다. 즉, 홍수로 인한 피해가 예상된다고 해서 연방정부가 항상 사업을 시행할 수 있는 것은 아니며 순편익이 정(+)인 경우에만 시행할 수 있다는 것이다.

2절 / 목적

정부가 존재하는 궁극적인 이유는 국민의 복지를 향상시키는 것이다. 정부는 이러한 목적을 달성하기 위해 시장에 직·간접적으로 개입한다. 정부는 시장이 자원을 효율적으로 배분하지 못하는 경우, 즉, 시장실패(market failure)가 나타나는 경우 개입한다. 시장실패는 외부성이 존재하거나 정보가 불충분할 때, 그리고 공공재가 적절하게 공급되지 않을 때 발생한다.

현실적으로 정부는 정책이나 사업의 시행을 통해 시장에 개입하는 데 활용이 가능한 정부의 자원이 제한적이기 때문에 정책이나 사업의 우선순위를 정하는 것이 필요하다. 비용편익분석은 정책이나 사업의 우선순위를 정하는 데 활용됨으로써 한정된 자원을 효율적으로 이용하는 데 도움이 된다. 비용편익분석은 복수의 대안 중에서 최적의 대안을 찾는 데 사용되는 의사결정(decision making)의 도구인 셈이다.

비용편익분석의 종류에는 사전적(ex ante) 비용편익분석, 사후적(ex post) 비용편익분석, 중간(in medias res) 비용편익분석 등이 있는데 사업의 시작

단계에서 순편익을 정확하게 측정하는 것은 거의 불가능하며 사업이 진행됨에 따라 측정의 정확도가 제고된다.[6]

사전적 비용편익분석은 사업이 시행되기 전인 정책 분석(policy analysis)의 단계[7]에서 이루어진다. 따라서 사전적 비용편익분석은 희소한 자원을 어떻게 배분할 것인가라는 효율성과 관련된 의사결정에 직접적으로 도움을 준다. 이에 반해, 사후적 비용편익분석은 특정 사업이 종료된 후에 이루어진다. 사업이 종료된 시점에서는 모든 비용이 매몰(sunk)되었기 때문에 분석 결과가 자원 배분에 영향을 주지는 않는다.

사후적 비용편익분석의 가치는 보다 넓은 의미에서 인정된다. 사후적 비용편익분석은 관료, 정치인, 전문가의 학습에 기여함으로써 향후 유사한 정책이나 사업에 대한 사전적 비용편익분석을 수행하는 데 도움을 준다.[8] 학습의 정도는 분석의 대상이 된 사업이 반복적으로 시행되느냐, 다른 사업에 대한 유사 모형(generic model)이 될 수 있느냐에 의해 결정된다.

중간 비용편익분석은 사전적 비용편익분석과 사후적 비용편익분석의 특성을 모두 가지고 있다. 사전적 비용편익분석과 마찬가지로 의사결정과 정책의 연속성에 직접적으로 영향을 주지만, 분석이 편익과 비용에 대한 예측보다는 관찰에 기초한다는 점에서는 사후적 비용편익분석과 유사하다.

---

6 기본적으로 비용편익분석은 분석 시점에서의 상황이 계속해서 유지된다는 가정을 바탕으로 한 정태적(static) 분석이다. 그러나 현실에서는 사업이 진행되는 동안 상황이 변하는 경우가 많기 때문에 동태적(dynamic) 비용편익분석이 요구된다.

7 정책 과정(policy process)은 '의제 설정-정책 형성-정책 분석-정책 집행-정책 평가'의 과정을 의미하는데 정책 분석은 정책 집행의 전 단계로서 바람직한 정책을 탐색, 개발, 선택하기 위해 이성과 증거를 활용하는 체계적이고 합리적인 분석적 노력으로 정의된다.

8 사전적 비용편익분석과 사후적 비용편익분석의 결과를 비교하면 예측된 순편익과 실제 순편익이 일치하지 않는 원인을 파악할 수 있다. 비용편익분석의 예측력에 대한 이러한 정보는 향후의 의사결정에 유용하게 사용된다.

3절 / 절차

비용편익분석의 일반적인 절차를 정리하면 아래 [표 1-2]와 같다. 여기서는 대표적인 정부사업인 고속도로 건설의 예를 통해 비용편익분석의 절차를 설명한다.

[표 1-2] 비용편익분석의 기본 절차

비교가 가능한 대안을 상정
⇩
누구의 편익과 비용을 고려할 것인가를 결정[9]
⇩
개별 사업의 긍정/부정적 영향을 분류하고 측정 지표를 선정
⇩
개별 사업의 편익과 비용을 정량적으로 측정
⇩
편익과 비용의 화폐적가치를 계산
⇩
편익과 비용의 현재가치를 계산
⇩
개별 사업의 순편익과 편익/비용을 계산
⇩
민감도 분석(sensitivity analysis)을 수행
⇩
사업의 우선순위를 제안[10]

1. 비교가능한 대안의 상정

일반적으로 비용편익분석은 두 가지 상황에서 수행된다. 두 개 이상의 사업 중에서 하나를 선택해야 하는 상황이 있는가 하면 특정 사업의 시행

---

9 사업의 긍정적인 영향은 편익, 부정적인 영향은 비용이다.

10 분석가는 우선순위를 결정하지 못한다.

여부를 결정해야 하는 상황이 있다. 예를 들어, 비용편익분석의 목적이 고속도로를 건설할 것인가 건설하지 않을 것인가를 결정하는 것이라면 후자에 해당되지만 어떤 종류의 교통 시설을 구축할 것인가를 결정하는 것은 전자에 해당된다. 현재 상황(status quo)을 포함한 가능한 모든 대안에 대해 비용편익분석을 수행하는 것이 이상적이지만 현실적으로 가능한 모든 대안을 분석할 수는 없다. 즉, 정부는 고속도로 건설, 의료 그리고 빈민구제 사업을 비교의 대상으로 삼지는 않는다.

고속도로 건설의 사례에서 정부는 통행료를 징수할 수도 있고 징수하지 않을 수도 있기 때문에 비용편익분석의 대상이 되는 대안은 고속도로를 건설하지 않는 것을 포함해서 세 가지가 된다. 하지만 경우에 따라서는 대안의 수가 무수히 많아질 수 있다. 고속도로 건설의 경우, [표 1-3]과 같은 다양한 항목에 대한 의사결정이 이루어져야 하기 때문에 분석의 대상이 되는 대안의 수도 크게 늘어난다.[11]

[표 1-3] 고속도로 사업과 관련된 의사결정과 대안

의사결정	대안
도로의 재료	아스팔트/콘크리트
노선(routing)	다양한 노선
도로 폭	2차선/4차선/6차선
통행료	무료/유료
야생 동물 이동로	설치/미설치

11 [표 1-3]에서 가능한 노선이 세 개이면 우리가 분석해야 하는 대안은 72개(2×3×3×2×2)가 된다.

2. 비용편익분석의 대상의 결정

비용편익분석의 대상 즉, 누구의 편익과 비용을 측정할 것인가는 분석가가 아닌 관료와 정치인이 결정한다. 비용편익분석은 좁게는 특정 지역에 거주하는 주민, 넓게는 특정 국가의 국민, 혹은 전 세계 인류를 대상으로 수행된다. 국가적 차원에서는 특정 국가가 부담하는 비용과 특정 국가의 국민에게 발생하는 편익이 고려되지만 세계적 관점에서는 국적에 관계없이 사람에게 발생하는 모든 편익과 비용이 분석의 대상이 된다.[12] 예를 들어, 오존 파괴, 기후 변화, 산성비 등과 같은 환경적 문제에 있어서는 특정 국가에 한정된 비용편익분석이 무의미해진다.

또한, 지방정부는 해당 지역주민의 편익과 비용만을 고려할 뿐 다른 지방정부가 부담하는 비용이나 다른 지역에 거주하는 주민에게 발생하는 편익은 무시한다.

그러나 국가적 차원에서는 경쟁 관계에 있는 개별 지방정부의 편익과 비용이 종합적으로 고려되며 그 결과, 지방정부와 중앙정부 차원에서 이루어지는 비용편익분석의 결과는 달라진다.[13]

---

12 동식물도 비용편익분석의 대상이 되어야 한다는 주장도 있다.

13 '누구의 비용과 편익을 측정할 것인가'는 이 밖에도 다음과 같은 문제를 포함하고 있다. 첫째, 해외에 거주하는 우리나라 국민은 비용편익분석의 대상이 되는가? 우리나라에 거주하는 불법 이민자는 대상이 되는가? 불법 이민자의 후손은 어떻게 되는가? 둘째, 아동 성교와 같이 사회적으로 용인되지 않는 선호로부터 발생하는 편익은 고려의 대상이 되는가? 치안을 강화하면 도둑의 수입은 감소한다. 도둑의 수입을 편익이라고 할 수 있는가? 법적인 제재를 받는 선호는 분석의 대상에서 제외시켜야 하지만 판단이 어려운 애매한 경우도 있다. 셋째, 환경과 관련된 정책이나 사업은 효과가 다음 세대, 그 다음 세대에도 나타난다. 현재 시점에서 후손들에게 발생하는 편익과 이들이 부담해야 하는 비용을 측정하는 것이 문제가 된다. 다만, 먼 미래에 발생하는 비용의 현재가치는 크지 않기 때문에 현재 시점에서 충분히 대비할 수 있다.

3. 사업 영향의 분류와 측정 지표의 선정

비용편익분석의 세 번째 단계는 사업의 긍정적 혹은 부정적 영향을 분류하고 이를 양적으로 측정할 수 있는 지표를 만드는 것이다. 고속도로 건설에 따른 편익과 비용을 요약하면 [표 1-4]와 같다. 이 중에서 공해나 환경과 관련된 항목들은 비용편익분석에서 누락되기 쉽다. 일반적으로 편익과 비용을 분류하는 작업과 측정 지표를 만드는 것은 동시에 이루어진다. [표 1-4]에서 이동 시간, 운임, 교통사고 등은 측정이 용이하기 때문에 지표도 쉽게 만들 수 있으나, 공해의 양, 공해의 증가로 인한 건강 악화 등을 측정하는 지표로 무엇을 사용할지를 결정하는 것은 쉽지 않다.

[표 1-4] 고속도로 사업에서의 편익과 비용 항목

편익	비용
이동 시간의 감소	도로 건설비
운임 절약	도로 유지비
교통사고의 감소	통행료 징수 비용
도로 혼잡의 감소	배기가스의 증가
통행료 수입	야생 동물에의 영향
도로의 잔존가치	자연 경관의 변화

특정 사업의 물리적인 결과가 그 사업의 편익과 비용으로 인정되려면 물리적인 결과와 편익 혹은 비용 사이에 명백한 인과 관계가 성립해야 한다. 예를 들어, 자동차 이용률과 교통사고 사망률 사이의 인과 관계는 비교적 뚜렷하지만 자동차 배기가스, 대기 중 납 성분과 주민의 혈압의 관계는 분명하지 않다.

정치인들은 종종 모호한 용어를 사용해서 특정 사업의 긍정적인 영향을 과장한다. 지역 역량의 구축(community capacity building)이 그 대표적인 예이다. 그러나 비용편익분석을 수행하는 분석가는 기술 향상, 교육 개선, 소득 증가 등과 같은 구체적이고 명확한 영향만을 편익으로 인정해야 한다. 또한, 기업가들은 개발과 성장을 편익으로 간주하지만 분석가는 성장과 개발에 따른 환경적 영향, 혼잡 등을 비용으로 인식해야 한다.

4. 편익과 비용의 정량적 예측

편익과 비용이 분류되고 측정 지표가 선정되면 사업별로 편익과 비용의 크기를 예측해야 한다. 고속도로 건설의 경우, 고속도로의 신설로 연간 교통사고 사망자 수가 감소한다면 다음과 같은 방법으로 그 수를 예측할 수 있다. 먼저, 신설된 고속도로의 길이가 기존 도로에 비해 짧다면 전체 통행자의 이동 거리가 감소하기 때문에 교통사고로 인한 사망자 수가 감소한다. 기존 연구에 의하면, 이동 거리 1만 km당 0.027명이 교통사고로 사망한다. 따라서 신설된 고속도로로 인해 연간 이동 거리가 200만 km 감소한다면 교통사고로 인한 사망자 수는 연간 5.4명 감소할 것이다.

다음으로, 신설된 고속도로가 기존 도로에 비해 안전하다면 사망으로 이어지는 치명적인 사고가 발생할 가능성이 작아진다. 예를 들어, 새로운 고속도로의 건설로 치명적인 사고가 발생할 가능성이 20% 감소하고 전체 통행자의 연간 이동거리가 300만 km이면 사망자 수가 약 1.6명(300 × 0.027 × 0.2) 감소한다. 결국, 고속도로의 신설로 연간 약 7.0명(5.4명 + 1.6명)의 생명을 구할 수 있을 것으로 예측할 수 있다.

정부의 정책은 경제주체들의 행위를 변화시킴으로써 그 목적이 달성되는데, 특정 정책에 대해 사람들이 어떻게 반응할 것인가를 예측하는 것은 쉽지 않다. 때로는 정책의 대상이 되는 사람들이 예상하지 못한 방식으로 반응하기 때문이다. 정책의 목표를 상쇄시킨다는 점에서 이를 보상 행위(compensating behavior)라고 한다.

예를 들어, 안전 규제의 강화, 기술 발전 등에 의해 자동차가 안전해졌지만 교통사고율은 감소하지 않았다. 그 이유는 운전자들이 안전한 자동차를 믿고 위험하게 운전을 하기 때문이다. 운전 행위의 변화가 규제 강화와 기술 발전의 효과를 상쇄한 것이다.[14] 또한, 특정 정책으로 인해 정책 대상자뿐만 아니라 제3자의 행위도 변한다. 청소년이 자전거를 탈 때 헬멧을 쓰는 것을 의무화한 정책이 부모의 헬멧 착용을 유도한 것이 그 예이다.

5. 편익과 비용의 화폐적가치의 측정

특정 사업으로 발생하는 다양한 종류의 긍정적, 부정적 영향을 합산하기 위해서는 측정 단위가 같아야 한다. 고속도로 건설의 경우, 이동 시간과 교통사고는 물리적인 측정 단위가 다르기 때문에 양자를 직접 더할 수는 없다. 다양한 종류의 편익과 비용에 적용할 수 있는 가장 보편적인 측정 단위는 화폐이다.

고속도로 사업에서 절약된 이동 시간의 화폐적가치를 측정하기 위해서는 1시간의 가치를 금액으로 환산해야 한다. 또한, 교통사고로 인한 사망자 수 감소의 화폐적가치는 인간 생명의 금전적가치를 알아야 측정할 수 있다. 미국에서의 기존 연구를 예로 들면 [표 1-5]와 같다.

---

14 일종의 도덕적 해이(moral hazard)라고 할 수 있다.

[표 1-5] 시간과 생명의 화폐적가치[15]

항목	시간당 가치
여행자의 시간	6.68달러
사업가의 시간	12달러
운송 시간	14달러
생명	50만 달러

6. 편익과 비용의 현재가치 측정

일반적으로 정부사업의 편익과 비용은 장기간에 걸쳐 발생하기 때문에 다른 시점에서 발생한 편익과 비용을 더하는 문제가 발생한다. 대체로 사람들은 미래보다 현재의 소비를 선호하기 때문에 장래에 발생하는 편익과 비용은 그 가치가 할인되어야 한다. 즉, 미래에 발생하는 편익과 비용은 적절하게 할인된 현재가치로 평가되어야 한다. 적절한 할인율을 찾는 것은 쉽지 않기 때문에 할인율은 민감도 분석(sensitivity analysis)의 대상이 된다. 정부사업의 경우 대체로 7~10%의 할인율이 적용되는데 사업 기간이 50년 이상이면 3.5%가 적절하다는 의견도 있다.

7. 순편익의 현재가치 측정

특정 사업의 경제성을 나타내는 지표로는 순편익과 편익-비용 비율이 있다. 순편익은 편익에서 비용을 뺀 것이며, 편익-비용 비율은 편익을 비용으로

15 시간의 가치는 자동차 한 대를 기준으로 측정한 것이다. 자동차 한 대에 평균 세 명이 승차하기 때문에 여기서 제시한 시간의 가치는 승차자 세 명의 기회비용을 더한 것이다.

나눈 것이다. 순편익과 편익-비용 비율을 바탕으로 자원을 배분하면 상대적인 의미에서의 효율성을 달성할 수 있다. 그 이유는 현실적으로 비용편익분석의 대상이 한정되어 있고 이른바 제한적 합리성(bounded rationality)으로 인해 분석가의 인식 능력에 한계가 있으며 예산적·정치적 제약도 존재하기 때문이다.

8. 민감도 분석

분석가는 순편익이나 편익-비용 비율이 가장 큰 사업을 의사결정자에게 추천해야 한다. 다만, 순편익이나 편익-비용 비율은 예측치이며 모든 경우에 있어서 순편익이나 편익-비용 비율이 가장 큰 사업은 찾기 어렵다. 특정한 가정에서 순편익이나 편익-비용 비율이 크더라도 다른 가정에서는 작아질 수 있다. 이러한 가능성을 확인하는 작업이 민감도 분석이다.

특정 사업의 영향을 예측하고 화폐적가치를 측정하는 과정에는 불확실성이 존재한다. 또한, 적절한 할인율이 얼마인지도 불확실하다. 민감도 분석은 이러한 불확실성을 비용편익분석에 반영하는 것이다. 다만, 비용편익분석의 과정에서 사용된 모든 가정은 변할 수 있지만, 가능한 모든 경우를 대상으로 민감도 분석을 할 수는 없다. 분석가의 판단에 따라 중요한 몇몇 가정에 대해서 민감도 분석을 하는 것이 일반적이다.

9. 사업의 우선순위 제안

분석가는 우선적으로 시행해야 할 사업을 의사결정자에게 제안할 뿐 우선순위를 결정하지 않는다. 비용편익분석은 자원이 어떻게 배분되어야 하는지에 대한 당위적(normative) 이론이지 자원 배분이 실제로 어떻게 이루어지는지를 설명하는 실증적(positive) 이론이 아니다. 의사결정은 관료와 정치가에 의해 이루어지기 때문이다. 비용편익분석은 정치적인 의사결정 과정에서의 하나의 투입이며 경제적 합리성은 정치적 합리성과 상충할 수 있다.

4절 / 비용편익분석의 두 시각

현실에서의 자원 배분은 비용편익분석의 결과에 전적으로 의존하지는 않으며 비용편익분석 자체도 정치적 과정의 영향을 받는다. 특히, 관료는 자신이 감시자(guardian)이냐, 사업자(spender)이냐에 따라 전혀 다른 방식으로 비용편익분석을 수행한다. 관료의 편익과 비용에 대한 시각은 자신이 속한 부서의 특성에 따라 달라진다. 여기서는 감시자와 사업자가 편익과 비용을 어떻게 해석하는지, 그리고 양자의 시각 차이가 발생하는 원인이 무엇인지에 대해 논의한다.

1. 감시자

중앙정부의 예산 부처와 행정단위별 회계담당자를 말한다. 이들은 금전적 이득과 손실을 중심으로 사업의 타당성을 평가한다. 이들에게 있어서 특정 사업의 편익은 금전적 이득을, 비용은 금전적인 손실을 의미한다. 이들에게 있어서 편익은 특정 사업의 타당성을 과장하기 위해 동원된 개념에 불과하다. 이들의 주된 업무가 예산 편성과 회계 감사라는 사실을 감안하면 이러한 성향을 보이는 것이 자연스러운 일이라고 하겠다.

고속도로 건설의 예에서 전형적인 감시자의 비용편익분석의 결과를 살펴보면, 먼저, 고속도로 이용자가 지불하는 통행료는 편익으로 간주된다. 통행료는 주민으로부터 지방정부로의 소득 이전이기 때문에 편익으로 간주해서는 안 되지만, 감시자의 입장에서 통행료는 지방정부의 수입이기 때문에 편익에 포함된다. 여행객이 지불하는 통행료 역시 다른 나라로부터의 소득 이전이기 때문에 편익이라고 할 수 없는데 감시자는 편익으로 생각한다.[16]

감시자의 또 다른 특성은 눈에 보이지 않는 무형의(invisible) 편익을 무시한다는 것이다. 이동 시간의 절약, 사망자 수의 감소 등이 무형의 편익인데 이것들을 편익으로 인정하지 않으면 고속도로 건설의 순편익은 크게 축소된다.

비용 측면에서도 감시자는 혼잡의 증가, 공해와 같은 무형의 비용은 무시한다. 고속도로의 건설과 유지에 소요되는 지출만이 비용으로 인식된다. 여기서 문제가 되는 것은 고속도로 건설비가 비용이냐 편익이냐이다. 고속도로를 건설하는 과정에서 자재를 구입하고 인부를 고용하면 자재비, 인건비 등의 지출이 발생하는데 감시자들은 이러한 지출을 비용으로 간주한다. 하지만, 이러한 지출은 결국 그 지역에 거주하는 주민들의 소득이 되기 때문에 투자로 볼 수도 있다. 고속도로 건설비를 투자로 생각하면 이는 비용이 아니라 편익이다. 물적 자본의 건설에 따른 지출을 투자로 보는 시각은 뒤에서 언급하는 사업자의 입장이기도 하다. 건설비를 비용으로 보느냐 투자로 보느냐에 따라 비용편익분석의 결과는 크게 영향을 받는다.

이 밖에도 감시자는 비용편익분석과 관련해서 다음과 같은 오류(error)를 범하게 되는데, 이는 의도된 오류이다. 감시자는 사업의 타당성을 인정하는

---

16 비용편익분석의 대상을 넓히면 국가 간 소득 이전은 편익이 아니다.

데 있어서 보수적일 수밖에 없기 때문에 가급적이면 편익은 줄이고 비용은 늘리려고 하기 때문이다.

첫째, 감시자는 기회비용을 고려하지 않는다. 예를 들어, 일자리 창출 사업에서 노동 비용을 실업자의 유보 임금(reservation wage)이 아닌 실제로 지불한 임금을 바탕으로 계산한다.[17] 또한, 감시자는 정부가 이미 소유하고 있는 건물이나 토지를 특정 사업에 사용할 경우 이 자원을 다른 용도에 사용하면 얻을 수 있는 수익만큼의 암묵적 비용(implicit cost)이 발생하는 것을 고려하지 않는다.[18]

둘째, 감시자는 자신이 부담하지 않는 비용은 무시한다. 지방정부의 입장에서 중앙정부로부터 받는 보조금은 수입이기 때문에 편익으로 간주하는데 보조금이 이 지역에 지급됨으로써 다른 지역에 대한 보조금이 감소한다면 국가 차원에서는 이 지역에 지급된 보조금은 편익이 아니다.

셋째, 감시자는 대체로 높은 할인율을 적용함으로써 보수적인 의사결정을 한다. 감시자는 편익의 현재가치와 비용의 현재가치는 줄임으로써 사업자를 견제한다. 높은 할인율은 편익과 비용에 공통적으로 적용되지만 일반적으로 비용은 편익보다 먼저 발생하기 때문에 높은 할인율을 적용하면 순편익은 작아진다.

2. 사업자

교통, 복지, 교육, 주택사업과 관련된 부서에서 개별 사업에 대한 지출을 결정하는 관료가 여기에 해당된다. 감시자에 비해 다양한 종류의 관료들이

---

17 실업자의 유보 임금은 여가의 가치 즉, 시간의 기회비용을 나타낸다.

18 임대료가 하나의 예이다.

사업자로 분류되지만 이들의 공통점은 사업비를 비용이 아닌 편익으로 해석하는 것이다. 또한, 이들은 무형의 편익을 중시하는데 이렇게 함으로써 가급적이면 많은 사업을 벌이려고 하며 이 때문에 감시자의 불신을 초래한다.

사업자의 시각은 두 가지 측면에서 정치인의 시각과 유사하다. 첫째, 편익은 특정 집단에 집중되고 비용은 대다수 국민이 부담하는 사업을 선호한다. 그 이유는, 일반적으로 사람들은 자신이 특정 사업으로부터 얻는 편익보다는 지불하는 비용에 더 민감하게 반응하기 때문이다. 대규모 건설 사업을 통한 일자리 창출이 선호되는 이유가 여기에 있다. 둘째, 매몰 비용이 비용편익분석을 압도한다. 일단 특정 사업이 시행되고 나면 비용이 편익보다 크더라도 중단되지 않는다. 사업을 중단할 경우 이미 지출된 비용이 매몰되기 때문이다.[19]

이상의 이유로 사업자는 '대규모 - 철회할 수 없는 - 자본집약적' 사업을 선호한다. 예를 들면, 사업자는 버스 사업보다는 철도 사업을 선호한다. 철도 사업은 즉각적으로 상당한 규모의 일자리를 창출할 뿐만 아니라 일단 시설이 구축되면 다른 용도로의 전환이 쉽지 않다. 또한, 운영비용이 적게 들기 때문에 주민들이 부담하는 이용료도 저렴하다.

요약하면, 사업자는 특정 사업의 지출을 편익에 포함시킨 후 이를 승수효과(multiplier effect)를 통해 부풀린다. 이렇게 부풀려진 편익은 다시 낮은 할인율로 할인된다. 사업자에게 있어서 승수효과는 특정 사업의 타당성을 보장해주는 '마이더스의 손(Midas' touch)'이라고 할 수 있다. [표 1-6]은 고속도로 사업에 있어서 감시자, 사업자, 그리고 중립적인 분석가가 인식하는 편익과 비용 항목을 비교한 것이다. 사업자가 인식하는 순편익이 가장 크고 분석가가 다음이며 감시자의 순편익이 가장 작다고 할 수 있다.

---

19 우리나라의 경우 새만금사업이 대표적인 예이다.

[표 1-6] 감시자와 사업자의 비용편익분석

	감 시 자		사 업 자		분 석 가	
	편 익	비 용	편 익	비 용	편 익	비 용
통행료 (주민)	○			○		
통행료 (여행자)	○		○			
도로 잔존가치	○		○		○	
이동시간 감소			○		○	
교통사고 감소			○		○	
도로 혼잡 감소			○		○	
도로 건설비		○		○		○
도로 유지비		○		○		○
배기가스 증가						○
야생동물에의 영향						○
자연 경관의 변화						○
순편익의 크기	3		1		2	

제2장 | 효율성

이 장에서는 먼저 지불의사금액과 파레토 효율성의 개념을 설명한 후 파레토 효율성과 사회적잉여의 연관성을 후생경제학적 측면에서 논의한다. 또한, 이러한 개념들을 사용해서 후생경제학의 제1정리(The first theorem of welfare economics)를 증명한다. 이를 위해 경제학적 개념인 수요함수, 소비자잉여, 공급함수, 생산자잉여 등에 대해서도 설명한다.

1절 / 파레토 효율성

칼도-힉스의 보상 기준에 따른 '완화된' 파레토 효율성은 아래와 같이 정의된다. 이 명제에서 순편익이 정(+)이라는 것은 특정 사업으로 발생하는 편익이 비용보다 크다는 것을 의미한다.

> 특정 사업의 순편익이 정(+)이면 이를 적절하게 배분함으로써 손실을 입은 사람들을 보상해 줄 수 있기 때문에 파레토 효율적(Pareto efficient)이다.

정부사업으로 어떤 사람이 이득을 얻거나 손실을 입는다는 것은 그 사람의 효용이 증가하거나 감소함을 의미하는데 개인의 수요함수는 특정 재화를 한 단위 더 소비함에 따라 늘어나는 효용(편익)을 나타낸다. 이러한 이유로 수요함수는 한계효용함수(marginal utility function)가 된다.[20]

수요함수가 한계효용함수이면 특정 재화를 소비함으로써 얻게 되는 효용은 수요함수를 소비량에 대해 적분(integration)해서 측정할 수 있다. 예를 들어, 어떤 사람이 특정 재화 10단위를 소비하면 이 사람의 효용은 수요함수를 0에서부터 10까지 적분한 것이 된다.

또한, 소비자가 지불하고자 하는 금액은 소비로부터 얻는 효용을 초과하지 않기 때문에 지불의사금액(willingness to pay: WTP)은 특정 재화를 소비함으로써 얻게 되는 효용이라고 할 수 있다. 소비자의 효용극대화로부터 수요함수가 도출되기 때문에 수요함수는 한계효용함수이며 지불의사금액을 나타내게 된다.

앞에서 제시한 파레토 효율성의 조건을 지불의사금액의 개념을 사용해서 설명하면 다음과 같다.

정부가 정책이나 사업을 시행하면 어떤 집단은 이득을 얻지만 또 다른 집단은 손실을 입기 마련이다. 전자에 속하는 사람의 지불의사금액은 정(+)이지만 후자에 속하는 사람의 지불의사금액은 부(-)가 된다. 따라서 특정 사업을 파레토 효율적이라고 하기 위해서는 사업의 대상이 되는 모든 사람의 지불의사금액의 합이 정(+)이어야 한다.

---

20 사람들은 소비를 통해 얻는 효용이 지불하는 가격보다 커야지만 특정 재화를 소비한다. 따라서 시장이 경쟁적이면 가격은 소비자의 한계효용과 같아진다. 예를 들어, 어떤 사람이 가격이 100원일 때 특정 재화를 10단위 소비한다면 이는 소비가 9단위에서 10단위로 한 단위 증가할 때 효용이 100원 증가함을 의미한다.

[표 2-1]을 통해 완화된 파레토 효율성에 대해 구체적으로 살펴보자. 여기서는 사회 내에 세 집단이 존재하고 각 집단은 사업에 대한 지불의사금액을 정직하게 드러낸다고 가정한다. 파레토 효율성의 기준을 엄격하게 적용하면 사업 I은 시행될 수 없다. 그러나 칼도-힉스의 보상 기준을 적용하면 사업 I은 파레토 효율적이다. 왜냐하면, 사업 I을 시행한 후 집단 A와 집단 B가 집단 C에게 각각, 75원과 175원을 지급하면(사업 II) 집단 A와 집단 B는 사업 전에 비해 소득이 각각 25원 증가하고 집단 C의 소득은 변하지 않기 때문이다.

[표 2-1] 칼도-힉스 보상과 파레토 효율성

순편익	사업 I	소득 이전	사업 II
집단 A	100원	-75원	25원
집단 B	200원	-175원	25원
집단 C	-250원	+250원	0원
사회 전체	50원		50원

특정 사업이 이상의 조건을 충족시킨다고 해서 항상 파레토 효율적인 것은 아니다. 한정된 예산에서 정부가 특정 사업을 시행하면 다른 사업은 포기될 수밖에 없다. 특정 사업의 시행으로 다른 사업을 포기하면 포기한 사업으로부터 발생하는 순편익은 실현되지 않기 때문에 기회비용이 발생한다.

따라서 특정 사업이 시행되기 위해서는 이 사업의 순편익이 다른 사업들의 순편익보다 커야 한다.[21] 또한, 기회비용은 특정 사업의 시행으로 포기된 순편

21 개념상 하나의 사업에 대해 하나의 기회비용이 정의되어야 하므로 특정 사업의 시행으로 포기된 사업들의 순편익 중에서 가장 큰 것이 기회비용이 된다.

익 중 최댓값으로 정의되기 때문에 결과적으로 비용편익분석은 고려의 대상이 되는 모든 사업의 순편익을 측정하는 것이 된다.

결국, 파레토 효율성을 달성하기 위한 조건은 아래와 같이 정리된다.

> 고려의 대상이 되는 사업들 중에서 지불의사금액이 가장 큰 사업이 시행되어야 한다.

[표 2-2]에서 사업 I과 사업 II는 모두 순편익이 영(0)보다 크다. 그러나 사업 I의 순편익은 50원이고 사업 II의 순편익은 70원이기 때문에 사업 II가 시행되어야 한다. 사업 I을 시행하면 순편익이 50원이지만 기회비용이 70원이기 때문이다. 반면, 사업 II는 순편익(70원)이 기회비용(50원)보다 크기 때문에 파레토 효율적이라고 할 수 있다.

물론, 사업 I의 수혜자는 집단 A와 B이고 사업 II의 수혜자는 집단 C이기 때문에 엄밀한 의미에서는 사업 II가 사업 I에 비해 파레토 우월하다고 할 수 없다. 그러나 사업 II를 시행하면 집단 C는 순편익이 300원 증가하고 집단 A와 집단 B의 순편익은 각각 125원, 155원 감소하기 때문에 세 집단 모두 사업 I을 시행할 때에 비해 순편익이 증가할 수 있다.

[표 2-2] 기회비용과 파레토 효율성

순편익	사업 I (a)	사업 II (b)	b-a
집단 A	25원	-100원	-125원
집단 B	25원	-130원	-155원
집단 C	0원	300원	+300원
사회 전체	50원	70원	+20원

2절 / 소비자잉여

수요는 특정 재화를 구매하려고 하는 욕망이며 수요함수(demand function)는 특정 재화의 가격과 수요의 관계를 나타낸다. 일반적으로 특정 재화의 가격이 하락하면 소비자는 그 재화를 더 많이 구매하려고 하기 때문에 수요는 증가한다. 이를 수요의 법칙(Law of demand)이라고 한다. 가격과 수요 사이에 부(-)의 상관 관계가 존재하면 수요곡선은 우하향하게 된다. 수요곡선이 우하향하는 이유는 한계효용 체감의 법칙(Law of diminishing marginal utility)으로도 설명이 가능하다. 특정 재화의 소비가 증가함에 따라 소비의 한계효용은 감소하는 것이 일반적이다. 또한, 소비가 증가함에 따라 한계효용이 감소한다는 것은 소비자의 지불의사금액이 감소함을 의미한다.

이상과 같이 수요함수를 정의하면 우리는 소비자잉여(consumer's surplus)도 정의할 수 있다. 소비자가 가격을 지불하고 특정 재화를 소비할 경우 소비로부터 발생하는 편익은 지불한 금액에 비해 크다. 소비자가 지불한 금액을 초과하는 편익이 소비자잉여이다. 다시 말해서, 소비자가 지불하고자 한 금액과 실제로 지불한 금액의 차이가 소비자잉여이다.

시장이 경쟁적이면 가격은 하나만 존재하게 되고 소비자는 지불한 가격 이상의 효용을 얻게 된다. 예를 들어, 소비자가 100원의 가격에 특정 재화를 10개 구입했다면 이는 10단위째 소비의 한계효용이 100원임을 의미한다. 따라서 이 소비자가 9단위를 소비할 때까지는 한계효용이 100원보다 크며 10단위의 소비에 따른 총효용은 실제로 지불한 금액인 1,000원을 초과하게 된다.

〈그림 2-1〉을 통해 소비자잉여의 개념에 대해 자세하게 살펴보자. 정부가 어떤 사업을 시행함으로써 특정 재화의 가격이 하락하면($p_0 \rightarrow p_1$), 수요가

증가한다($q_0 \rightarrow q_1$). 가격이 p_0, 수요가 q_0일 때 소비자가 실제로 지불하는 금액은 p_0Aq_0O이지만 효용은 DAq_0O이기 때문에 DAp_0의 소비자잉여가 발생한다. 마찬가지로, 정부사업으로 가격이 p_1으로 하락하면 수요가 q_1으로 증가하기 때문에 소비자잉여는 DBp_1이 된다. 따라서 정부사업을 통해 소비자잉여는 p_0ABp_1만큼 증가한다.

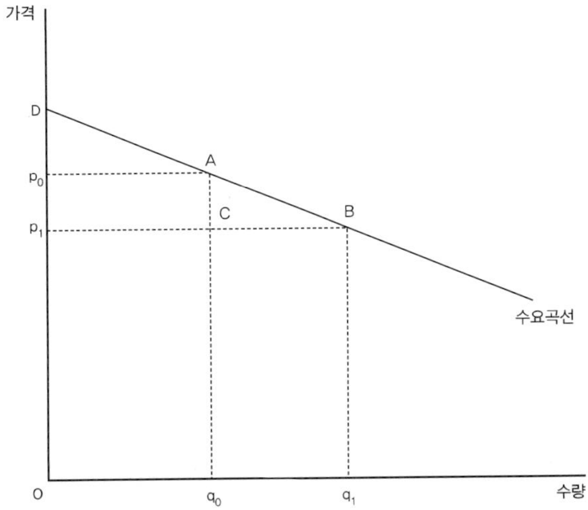

〈그림 2-1〉 소비자 잉여의 변화

이러한 소비자잉여의 증가는 개념적으로 두 부분으로 구성된다. 첫째, 사업 전에 비해 낮은 가격으로 기존의 소비를 하게 됨으로써 소비자잉여가 증가한 부분이 p_0ACp_1이다. 둘째, 가격의 하락으로 인해 늘어난 소비로부터 발생한 소비자잉여가 ABC이다. 이상의 논의를 수식으로 정리하면 식 (2.1)과 같다.

식 (2.1)에서 ABq_1q_0는 소비의 증가($q_0 \rightarrow q_1$)에 따른 효용의 증가를, CBq_1q_0은 소비의 증가로 늘어난 지불 금액을 나타내기 때문에 (ABq_1q_0-

CBq_1q_0)는 늘어난 소비로부터 발생한 소비자잉여라고 할 수 있다.

$$p_0ABp_1 = p_0ACp_1 + ABC = (p_0Aq_0O - p_1Cq_0O) + (ABq_1q_0 - CBq_1q_0) \quad (2.1)$$

끝으로 시장수요는 개별 수요의 수평적인 합이다.[22] 즉, 개별 소비자의 수요를 합하면 시장수요가 된다. 이것은 비용편익분석에 있어서 중요한 의미를 갖는다. 시장수요가 개별 수요의 합이면 우리는 개별 소비자의 지불의사금액을 측정한 후 이들을 합산함으로써 사회 전체의 지불의사금액 즉, 순편익을 측정할 수 있다.

3절 / 생산자잉여

공급은 특정 재화를 판매하려고 하는 생산자의 욕망이며, 공급함수(supply function)는 특정 재화의 가격과 공급의 관계를 나타낸다. 일반적으로 특정 재화의 가격이 상승하면 생산자는 그 재화를 더 많이 판매하려고 하기 때문에 공급은 증가한다. 이를 공급의 법칙(Law of supply)이라고 한다. 가격과 공급 사이에 정(+)의 상관 관계가 존재하면 공급곡선은 우상향하게 된다. 공급곡선이 우상향하는 이유는 한계비용 체증의 법칙(Law of increasing marginal cost)으로도 설명이 가능하다. 생산이 증가함에 따라 한계비용이 증가하는 것이 일반적이다.[23]

---

22 공공재의 경우에는 집합적인 수요는 개별 수요의 수직적인 합이다.

23 하나 이상의 생산요소의 공급이 고정적이면 노동과 같은 가변적인 생산요소의 한계생산성은 투입량이 일정 수준을 넘어서면 감소하기 때문에 한계비용곡선은 우상향한다. 한계비용곡선 중 우상향하는 부분이 공급곡선이 된다.

2절에서 수요함수는 소비자의 지불의사금액을 나타낸다고 하였다. 마찬가지로 공급곡선은 한계비용곡선이기 때문에 생산자가 받아야 하는 최소 금액을 나타낸다.[24] 소비자와 마찬가지로 생산자의 경우에도 생산을 위해 최소한 받아야 하는 가격과 실제로 받는 가격이 다르며 양자의 차이를 생산자잉여(producer's surplus)라고 한다.[25] 생산자잉여도 소비자잉여와 마찬가지로 생산자가 시장에서의 거래를 통해 얻는 이득이라고 할 수 있다. 또한, 시장공급곡선은 개별 생산자의 공급곡선을 수평으로 합한 것으로 정의된다.

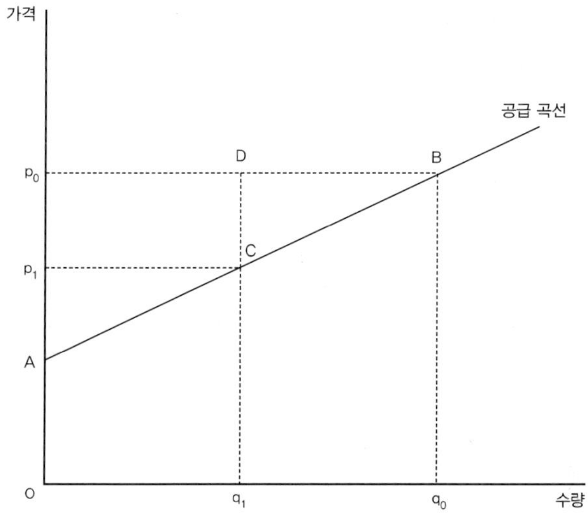

〈그림 2-2〉 생산자잉여의 변화

---

24 수요와 공급이 일치할 때 시장가격과 시장거래량이 결정된다는 것은 소비자가 지불하고자 하는 최대 금액과 생산자가 받고자 하는 최소 금액이 일치할 때 거래가 이루어짐을 의미한다.

25 어떤 기업이 100원의 가격에 재화 10단위를 판매하면 이 기업의 수입은 1,000원이지만 생산 비용은 1,000원보다 작다. 왜냐하면, 한계비용은 10단위째 생산에서 100원이 되며 9단위를 생산할 때까지는 100원보다 작기 때문이다.

〈그림 2-2〉에서 가격이 p_0, 생산량이 q_0이면 생산자의 수입(revenue)은 p_0Bq_0O이고 비용은 ABq_0O이기 때문에 생산자잉여는 p_0BA가 된다.[26] 또한, 정부사업으로 재화의 가격이 p_0에서 p_1으로 하락하면 생산자잉여는 p_1CA가 된다. 따라서 정부사업으로 특정 재화의 가격이 하락하면 소비자잉여는 증가하지만 생산자잉여는 감소한다. 일반적으로 정부사업의 효과는 사회구성원에 따라 다르게 나타나는데 이를 정부사업의 재분배 효과라고 할 수 있다.

〈그림 2-2〉에서 감소한 생산자잉여(p_0BCp_1)는 두 부분으로 구성된다. 첫째, 사업 전에 비해 낮은 가격으로 기존의 생산을 하게 됨으로써 생산자잉여가 감소하는 데 p_0DCp_1으로 측정된다. 둘째, 가격이 낮아짐에 따라 생산이 줄고 이로 인해 생산자잉여가 DBC만큼 감소한다. 식 (2.2)에서 DBq_0q_1은 생산의 감소($q_0 \rightarrow q_1$)에 따른 수입의 감소를, CBq_0q_1은 줄어든 생산비용을 나타내기 때문에 $DBq_0q_1-CBq_0q_1$은 생산의 감소로 인해 줄어든 생산자잉여이다.

$$p_0BCp_1 = p_0DCp_1 + DBC = (p_0Dq_1O - p_1Cq_1O) + (DBq_0q_1 - CBq_0q_1) \quad (2.2)$$

4절 / 사회적잉여

2절과 3절에서 논의한 소비자잉여와 생산자잉여의 합을 사회적잉여(social surplus)라고 한다. 특정 정책의 시행으로 인한 순편익의 변화 즉, 사회적잉여의 변화는 두 가지 방법으로 측정할 수 있는데 결과는 동일하다. 다만, 식 (2.3)의 방법으로 측정하면 사회적잉여의 변화의 크기뿐만 아니라

---

26 공급곡선은 한계비용곡선이기 때문에 공급곡선의 아래 면적은 생산비용이 된다.

사회구성원 간 배분도 파악할 수 있으나 측정 과정이 식 (2.4)에 비해 복잡하다.

$$\Delta 사회적잉여 = \Delta 소비자잉여 + \Delta 생산자잉여 \tag{2.3}$$

$$\Delta 사회적잉여 = \Delta 편익 - \Delta 비용 \tag{2.4}$$

앞의 〈그림 2-1〉과 〈그림 2-2〉에서는 정부사업으로 가격이 하락하는 경우를 가정하였기 때문에 소비는 늘었고 생산자의 생산은 감소하였다.[27] 따라서 정부사업의 순편익 즉, 사회적잉여의 변화는 증가한 소비자잉여와 감소한 생산자잉여의 합으로 정의되는데 식 (2.1)과 식 (2.2)를 결합하면 사회적잉여의 변화는 식 (2.5)와 같이 측정된다.[28]

$$\Delta 사회적잉여 = p_0ABp_1 + p_0BCp_1 \tag{2.5}$$

다양한 사업 중에서 순편익이 가장 큰 사업을 시행한다는 것은 결국 사업의 시행으로 사회적잉여가 가장 크게 증가하는 사업을 선택함을 의미한다. 사회적잉여가 가장 크게 증가하는 사업을 시행하는 것이 효율적이라고 할 수 있다. 다만, 특정 사업으로 사회적잉여가 증가하더라도 위의 사례에서와 같이 소비자잉여와 생산자잉여 중 하나가 감소할 수 있기 때문에 형평성은 문제가 된다.

---

27 정부가 특정 재화를 공급하면 시장가격이 하락하기 때문에 생산자의 생산은 감소한다.

28 증가한 소비자잉여와 감소한 생산자잉여의 절대적인 크기는 수요곡선과 공급곡선의 기울기에 의해 결정된다. 일반적으로 소비자잉여와 생산자잉여의 상대적인 크기는 수요함수와 공급함수의 가격탄력성에 의해 결정된다.

끝으로, 사회적잉여의 개념을 사용하면 후생경제학의 제1정리를 증명할 수 있다.[29] 〈그림 2-3〉에서 가격 p_0와 수요량(공급량) q_0는 각각, 균형 가격과 균형 거래량이다. 왜냐하면, 수요와 공급이 일치하기 때문이다. 이때 사회적잉여는 CAp_0(소비자잉여)와 p_0AB(생산자잉여)의 합인 CAB가 되며 이는 사회적잉여의 최댓값이다. 만약, 가격이 p_0일 때 수요량이 q_1이거나 q_2이면 사회적잉여는 DAE나 AFG만큼 감소한다.[30]

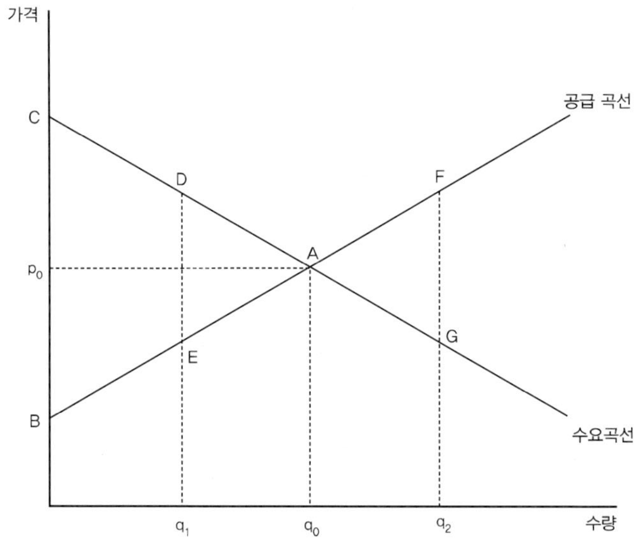

〈그림 2-3〉 사회적잉여와 파레토 최적

29 후생경제학의 제1정리는 시장을 통한 자원 배분은 파레토 최적이라는 것이다. 여기서 시장을 통한 자원 배분은 수요와 공급이 일치하는 수준에서 가격과 거래량이 결정된다는 것을 의미한다.

30 수요가 q_1일 경우에는 과소 소비로, 수요가 q_2일 때는 과잉 소비로 인해 사회적잉여가 감소한다.

부록 2

후생경제학의 제1정리

시장에서 수요와 공급이 일치할 때 사회적잉여는 최대가 된다는 것이 후생경제학의 제1정리이다. 여기서는 한계효용체감의 법칙과 한계비용체증의 법칙을 가정하고 후생경제학의 제1정리가 성립하는 예를 제시한다. [표 2-3]에서 수요가 증가함에 따라 소비자의 효용은 증가하지만 한계효용은 감소하며, 공급이 늘어남에 따라 한계비용이 증가한다는 것을 알 수 있다. 또한, 사회적 잉여는 한계효용과 한계비용이 15원일 때 즉, 수요가 8단위일 경우 최대가 된다는 사실도 확인할 수 있다.

[표 2-3] 시장 균형과 파레토 최적(단위: 원)

수요(공급)	효용	한계효용	생산비용	한계비용	단위가격	지불한가격	소비자잉여	생산자잉여	사회적잉여
1	22	22	8	8	15	15	7	7	14
2	43	21	17	9	15	30	13	13	26
3	63	20	27	10	15	45	18	18	36
4	82	19	38	11	15	60	22	22	44
5	100	18	50	12	15	75	25	25	50
6	117	17	63	13	15	90	27	27	54
7	133	16	77	14	15	105	28	28	56
8	148	15	92	15	15	120	28	28	56
9	162	14	108	16	15	135	27	27	54
10	175	13	125	17	15	150	25	25	50
11	187	12	143	18	15	165	22	22	44
12	198	11	162	19	15	180	18	18	36
13	208	10	182	20	15	195	13	13	26
14	217	9	203	21	15	210	7	7	14
15	225	8	225	22	15	225	0	0	0

[표 2-3]을 그림으로 나타낸 것이 〈그림 2-4〉이다. 〈그림 2-4〉를 통해 수요가 8단위일 때 효용과 생산비용의 차이가 가장 크며 사회적잉여가 극대화된다는 것을 알 수 있다.[31]

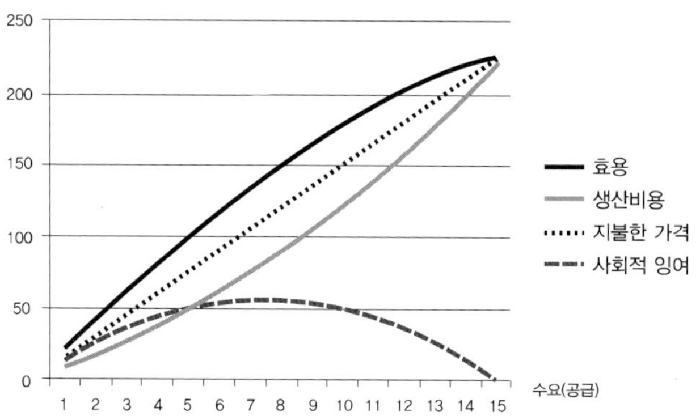

〈그림 2-4〉 효용, 생산비용과 사회적잉여의 관계

31 소비자의 효용, 지불한 가격(받은 가격), 생산자의 생산비용, 그리고 사회적잉여 사이에는 다음과 같은 관계가 성립한다.

사회적잉여 = 소비자잉여 + 생산자잉여 = (효용 − 지불한 가격) − (받은 가격 − 생산비용)
= 효용 − 생산비용

제3장 | 편익과 비용의 측정

이 장에서는 이론적인 측면에서 편익과 비용의 측정 문제를 다룬다. 편익과 비용을 실제로 어떻게 측정하는지에 대해서는 제7장과 제8장에서 논의한다. 1절에서는 수요함수, 편익, 그리고 지불의사금액의 관계를 설명하는데 이 과정에서 세 종류의 수요함수에 대해서도 논의한다. 2절에서는 편익을 측정하는 데 있어서 주의해야 할 몇 가지 문제를 다루며 3절에서는 기회비용의 의미를 최적화와 그림자가격의 개념을 사용해서 설명한다.[32]

1절 / 편익의 측정

정부사업을 통해 공급되는 재화에 대한 수요함수가 선형(linear)이고 사업이 시행되기 전에 소비자는 단위당 p_1의 가격을 지불하고 q_1을 소비하며 사업 시행 후에는 p_2의 가격으로 q_2를 소비한다고 가정하자. 이 사업의 편익은 늘어난 소비($\Delta q = q_1 - q_2$)로 증가한 효용이다. 다시 말해서, 사업 시행을 전

32 본서에서 기회비용은 두 가지 의미를 갖는다. 넓은 의미에서 기회비용은 특정 사업을 시행함에 따라 포기되는 사업의 순편익이고 좁은 의미에서는 특정 사업에 투입되는 생산요소의 생산성 혹은, 가치이다. 이 장에서 논의하는 기회비용은 좁은 의미에서의 기회비용이다.

후로 증가한 지불의사금액(ΔWTP)이 사업의 편익이 된다.[33]

〈그림 3-1〉에서 사업 시행 전의 지불의사금액은 Oq_1XZ이고 사업 시행 후의 지불의사금액은 Oq_2YZ이므로 이 사업으로 인해 지불의사금액은 q_1q_2YX 만큼 증가하였다. 따라서 이 사업의 시행으로 발생한 편익은 q_1q_2YX가 된다. 실제로 비용편익분석에서는 q_1q_2YX의 면적을 화폐 단위로 측정해야 하는데 식 (3.1)과 같은 방법으로 구할 수 있다.

$$\Delta WTP = q_1q_2YX = q_1q_2YW + WYX = \Delta q p_2 + (\Delta q(p_1 - p_2)/2)$$
$$= \Delta q((p_1+p_2)/2) \tag{3.1}$$

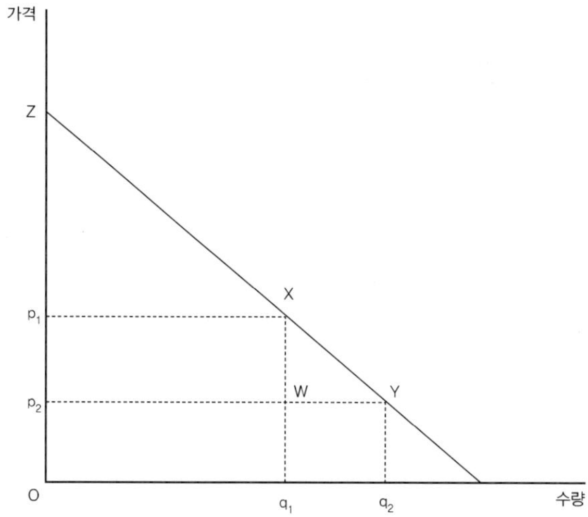

〈그림 3-1〉 편익의 측정

33 지불의사금액을 측정하기 위해서는 수요함수를 파악해야 한다. 수요함수의 추정 문제를 제7장에서 다루는 이유가 여기에 있다.

식 (3.1)의 마지막 항인 $\Delta q((p_1+p_2)/2)$가 의미하는 바는 특정 사업의 편익은 그 사업으로 증가한 소비의 화폐적가치이며 소비의 단위당 가치는 사업 시행 전과 후 가격의 평균이라는 것이다.[34] 만약, 특정 사업을 시행하더라도 가격이 하락하지 않으면(시장 수요에 비해 특정 사업으로 인한 생산의 증가가 크지 않으면) 식 (3.1)은 식 (3.2)로 바뀐다.

$$\Delta WTP = \Delta q p_1 \tag{3.2}$$

2절 / 편익 측정의 문제

수요함수가 선형이면 1절에서와 같이 비교적 단순한 방법으로 편익을 측정할 수 있으나 수요함수가 선형이 아닐 경우에 이러한 방법으로 편익을 측정하면 오차가 발생한다.[35] 수요함수가 선형이어야 할 이유는 없으며 오히려 비선형인 것이 일반적이다. 우리가 수요함수를 정확하게 파악할 수 있으면 수요함수가 비선형이더라도 수요함수를 적분(integration)함으로써 편익을 측정할 수 있다.

특정 사업의 시행으로 발생하는 편익이 한 종류이고 그 크기가 모든 사람에게 있어 같지 않는 한, 개인별로 상이하게 발생하는 다양한 종류의 편익을

34 특정 사업의 시행으로 증가한 소비를 시장가격으로 평가한 것이 지불의사금액의 변화라면 특정 사업으로 하락한 가격을 시장수요로 평가한 것이 소비자잉여의 변화이다. 〈그림 3-1〉에서 소비자잉여의 증가는 다음과 같이 측정된다.

$$\Delta \text{소비자잉여} = p_1p_2YX = p_1p_2WX + WYX = \Delta p q_1 + \Delta p((q_2-q_1)/2) = \Delta p((q_1+q_2)/2)$$

35 〈그림 3-1〉에서 수요함수가 비선형이면 WYX가 삼각형이 아니기 때문에 $q(p_1-p_2)/2$는 WYX와 일치하지 않는다.

측정해야 한다. 예를 들어, 특정 사업으로 다섯 종류의 편익이 발생하고 수혜자가 100명이면 이론적으로 편익을 500번 측정해야 한다. 또한, 개인의 편익을 단순히 합할 것인지, 특정 집단에 속하는 사람들의 편익에 큰 가중치를 적용할 것인지도 결정해야 한다. 가중치의 적용은 비용편익분석에 형평성을 반영하는 문제라고 할 수 있다.[36]

〈그림 3-1〉에서 수요함수는 특별한 언급이 없는 한 마샬수요함수(Marshallian demand function)이다. 수요함수는 가격과 수요의 관계를 나타내는데 가격 변화에 따른 수요의 변화는 개념상 두 부분으로 구성된다. 하나는 특정 재화의 가격이 상대적으로 싸지거나 비싸지면서 증가하거나 감소한 수요이고, 다른 하나는 특정 재화의 가격이 상승하거나 하락함으로써 실질소득이 감소하거나 증가하고 이로 인해 수요가 감소하거나 증가한 부분이다. 전자를 대체효과(substitution effect), 후자를 소득효과(income effect)라고 한다.

마샬수요함수를 사용해서 편익을 측정하면 대체효과와 소득효과가 모두 반영된다. 문제는 특정 사업의 편익을 측정하는 데 있어서 소득효과를 고려해서는 안 된다는 것이다. 즉, 마샬수요함수를 통해 편익을 측정하면 크기가 과장된다.

정부가 국민에게 보조금을 지급하면 소득효과로 인해 소비가 증가하고 편익이 발생한다. 보조금 지급은 하나의 사업이며 소득효과는 이 사업의 시행으로 발생하는 편익이라고 할 수 있다. 따라서 특정 사업의 편익을 측정하는 데 있어서 소득효과는 일종의 기회비용이 되기 때문에 사업의 순수한 효과를 측정하기 위해서는 대체효과만을 고려해야 한다. 즉, 마샬수요함수가 아닌 대체효과만을 나타내는 수요함수를 통해 편익을 측정해야 한다.

---

36 이 문제는 제6장에서 다룬다.

대체효과만을 측정하기 위해서는 수요의 변화 중에서 소득효과를 제거해야 하는데 두 가지 방법이 가능하다. 첫째, 특정 사업의 시행 전 소득을 기준으로 대체효과를 측정하는 방법이 있고, 둘째, 특정 사업의 시행 후 변화된 실질소득을 기준으로 대체효과를 측정하는 방법이 있다. 첫 번째 방법으로 추정된 수요함수를 보상변화 수요함수(compensating variation demand function), 두 번째 방법으로 추정된 수요함수를 동등변화 수요함수(equivalent variation demand function)라고 한다.

편익을 측정하는 데 있어서 세 종류의 수요함수를 사용할 수 있지만 마샬수요함수에 비해 보상변화 수요함수와 동등변화 수요함수가 이론적인 측면에서 우월하다. 가격이 하락하면 수요가 증가하는 정상재(normal good)의 경우, 보상변화에 의한 수요의 변화는 마샬수요의 변화보다 작은 반면, 동등변화에 의한 수요의 변화는 마샬 수요의 변화보다 크다. 따라서 동등변화 수요함수를 이용해서 편익을 측정하면 마샬수요함수를 통해 편익을 측정하는 경우에 비해 편익이 커지고 보상변화 수요함수를 사용하면 편익이 작아진다.

끝으로, 특정 사업과 직접적으로 관련된 시장만을 중심으로 편익을 측정하면 사업의 장기적인 효과를 제대로 파악할 수 없다. 예를 들어, 정부사업에 의해 특정 재화의 가격이 하락하면 이 재화와 대체 관계에 있는 재화(substitute)와 보완 관계에 있는 재화(complement)에 대한 수요가 변하고, 이로 인해 2차적으로 수요가 영향을 받게 된다. 부분균형분석(partial equilibrium analysis)을 통해 편익을 측정하면 이러한 2차적인 효과가 고려되지 않는다.

부록 3

수요함수를 통한 편익의 측정

특정 사업을 통해 공급되는 재화에 대한 수요함수는 선형이고 사업이 시행되기 전 소비자는 단위당 p_1의 가격을 지불하고 q_1을 소비하나 시행 후에는 p_2의 가격으로 q_2를 소비한다고 가정하자.

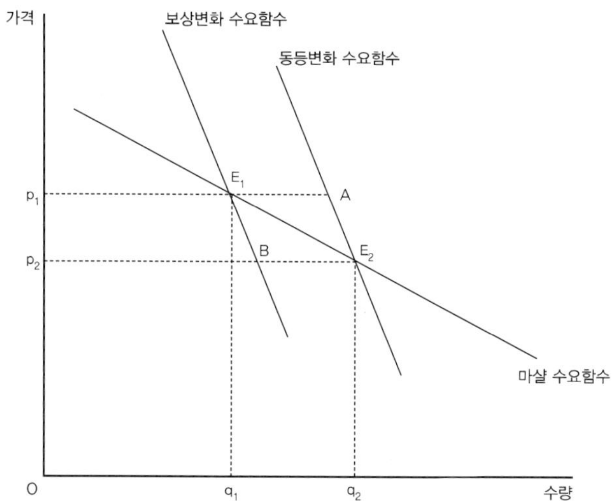

〈그림 3-2〉 세 종류의 수요곡선을 이용한 편익의 측정

본문에서 언급했듯이, 편익은 세 종류의 수요함수를 통해 측정할 수 있다. 〈그림 3-2〉에서 보상변화 수요함수는 대체효과만을 나타내기 때문에 마샬수요함수에 비해 기울기가 더 크다. 동등변화 수요함수 역시 대체효과만을

나타내기 때문에 기울기는 보상변화 수요함수와 같으나 실질소득이 증가한 상태에서의 수요를 나타내기 때문에 보상변화 수요함수의 바깥쪽에 위치한다. 보상변화 수요와 동등변화 수요의 차이는 실질소득의 변화에 의한 수요변화 즉, 소득효과를 나타낸다. 세 종류의 수요함수를 통해 측정된 편익의 크기는 아래와 같이 정리된다.

[표 3-1] 수요곡선과 편익의 크기

편익	보상변화 수요함수	마샬수요함수	동등변화 수요함수
크기	$P_1E_1BP_2$	$P_1E_1E_2P_2$	$P_1AE_2P_2$
순위	3	2	1

부록 4

일반균형분석을 통한 편익의 측정

일반균형분석에서는 특정 사업으로부터 직접적인 영향을 받는 시장과 이 시장과 보완적 혹은 대체적 관계에 있는 시장에 대한 분석이 함께 이루어지는데 두 시장에서 발생하는 편익을 합한 것이 특정 사업의 편익이 된다. 〈그림 3-3〉에서 X는 특정 사업의 직접적인 영향을 받는 재화이고 Y는 X의 대체재이다.

정부사업으로 X 생산의 한계비용이 하락하면($S_0 \rightarrow S_1$) X의 가격은 하락하고($p_0 \rightarrow p_1$) 수요는 증가한다($q_0 \rightarrow q_1$). 또한, X의 가격이 하락하면 대체재인

Y에 대한 수요가 줄면서($D_3 \rightarrow D_4$) Y의 가격이 하락하고($p_2 \rightarrow p_3$) 이로 인해 X에 대한 수요는 다시 감소한다($D_0 \rightarrow D_1$). 이를 반향 효과(repercussion effect)라고 한다. 결국, 정부 사업으로 인해 X에 대한 수요는 q_1이 아닌 q_2로 증가한다.

대체재인 Y가 X에 미치는 영향을 고려하지 않을 경우 X에 대한 수요함수는 D_0이기 때문에 편익은 $P_0E_0E_1P_1$으로 측정된다. 하지만 일반균형분석을 하면 X에 대한 수요함수는 D_2가 되고 편익은 $P_0E_0E_2P_1$으로 측정된다. 부분균형분석을 할 경우에는 편익이 $E_0E_1E_2$만큼 과장된다고 할 수 있다.

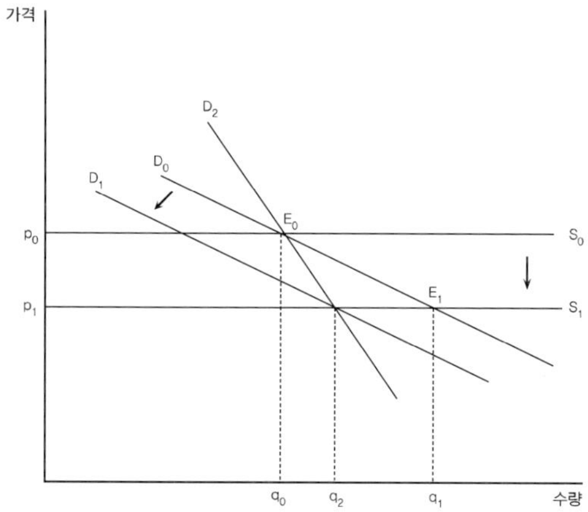

(a) 재화 X

37 시장이 경쟁적이지 않으면 가격은 한계비용에 비해 덜 하락한다. 이 경우, 수요함수를 통해 측정된 편익은 정확하지 않다. 사업의 효과 중 일부가 생산자에게 귀속되기 때문에 생산자잉여의 변화를 추가로 측정해야 한다.

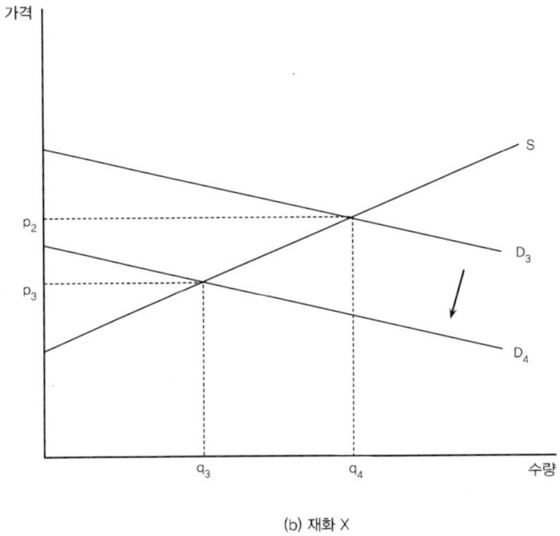

〈그림 3-3〉 일반균형분석을 통한 편익의 측정

일반적으로 특정 재화와 대체재 혹은 보완재 관계에 있는 재화는 무수히 많다. 그렇다면 특정 시장에서 발생하는 편익을 측정하기 위해서 여타 시장과의 연관성을 모두 고려해야 하는가? 그럴 필요는 없다. 왜냐하면, 현실에서 우리가 관찰하는 수요함수는 D_0나 D_1이 아니고 D_2이기 때문이다. 현실에서 관찰되는 수요에는 이미 대체재와 보완재의 영향이 반영되어 있다. D_0와 D_1은 시장에서 관찰되지 않는 이론적인 수요함수이다. 현실의 비용편익분석에서 대체재와 보완재 시장에 대한 분석을 생략하는 이유는 이 때문이다.[37]

3절 / 비용의 측정

비용편익분석을 수행하는 데 있어서 비용은 단순히 명시적인 비용이 아니라 기회비용이다.[38] 그렇다면, 명시적인 비용과 기회비용은 항상 일치하지 않는가? 그렇지는 않다. 결론부터 말하자면 특정 사업에 투입되는 생산요소에 대한 시장이 경쟁적이면 명시적인 비용과 기회비용이 일치하지만 생산요소시장이 경쟁적이지 않으면 기회비용은 명시적인 비용보다 크다. 따라서 비용편익분석에 있어서 기회비용이 아닌 명시적인 비용을 사용하면 순편익이 과장될 수 있다.

특정 재화를 생산하는 데 투입되는 유일한 생산요소가 노동(L)이면 특정 사업의 시행으로 포기된 생산(forgone output)은 이 사업에 투입된 노동(ΔL)과 노동의 한계생산성(marginal product of labor: MP_L)의 곱으로 정의된다. 또한, 이 사업으로 인해 포기된 편익 즉, 기회비용은 포기된 생산에 가격을 곱한 것이 된다.

$$\text{기회비용} = P(MP_L \Delta_L) \tag{3.3}$$

식 (3.3)에서 PMP_L은 노동의 한계생산의 가치(value of marginal product of labor: VMP_L)인데 노동시장이 경쟁적이면 임금(W)과 같아지기 때문에 식 (3.3)은 다음과 같이 정리된다.

$$\text{기회비용} = (PMP_L)\Delta L = W\Delta L = \text{명시적인 비용} \tag{3.4}$$

---

38 실제로 지출된 비용을 명시적인 비용이라고 한다.

반면, 노동시장이 경쟁적이지 않으면 예를 들어, 기업이 독점력을 가지는 수요 독점적 시장이면 재화 시장에서 가격은 한계비용보다 크다. 임금을 노동의 한계생산성으로 나눈 것으로 한계비용을 정의하면 식 (3.7)이 유도된다.[39]

$$P > MC \quad (3.5)$$

$$MC = W/MP_L \quad (3.6)$$

$$P > (W/MP_L) \rightarrow (PMPL\,\Delta_L) > (W\,\Delta L) \rightarrow \text{기회비용} > \text{명시적 비용} \quad (3.7)$$

비용편익분석에서의 비용이 기회비용이라는 것은, 편익과 비용을 화폐 단위로 측정하는 데 있어서 시장가격이 아닌 그림자가격(shadow price)을 사용해야 함을 의미한다. 그림자가격은 최적화(optimization)와 관련된 개념이다.[40] 최적화는 최소화 혹은 최대화하고자 하는 목표 함수(objective function)와 사용 가능한 자원에 대한 제약(constraint)이라는 두 요소로 구성되는데 최적화 문제는 자원에 대한 제약하에서 목표 함수를 최대화 혹은 최소화하는 투입과 산출을 찾는 것이다.[41]

위의 예에서 생산요소인 노동을 한 단위 더 투입하면 편익이 증가하지만 비용도 늘어난다. 순편익이 극대화되기 위해서는 늘어나는 편익(한계편익)과

39 수입에서 비용을 뺀 것이 이윤이기 때문에 한계수입과 한계비용이 일치하는 생산 수준에서 기업의 이윤은 극대화된다. 시장이 경쟁적이면 가격이 곧 한계수입이므로 결국 한계비용과 가격은 같아진다. 반면, 시장이 경쟁적이지 않으면 한계수입이 가격보다 작기 때문에 한계비용도 가격보다 작아진다.

40 따라서 비용편익분석은 최적화의 일종이라고 할 수 있다.

41 투입과 산출은 생산함수로 연결되어 있다.

늘어나는 비용(한계비용)이 같아야 하는데 식 (3.3)이 이러한 조건을 나타낸다.[42] 식 (3.3)에 의하면 한계비용은 노동의 시장가격인 임금이 아니라 노동의 한계생산의 가치이며 노동의 한계생산의 가치는 노동 한 단위의 기회비용 즉, 노동의 그림자가격이 된다.

42 순편익이 극대화되는 사업의 경우 다음과 같은 두 조건이 동시에 충족된다. 첫째, 비용이 같은 다른 사업과 비교했을 때 편익이 가장 크며 둘째, 동일한 편익을 발생시키는 다른 사업에 비해 비용이 가장 적게 든다. 이를 최적화 문제의 쌍대성(duality)이라고 한다.

Understanding
the Cost-Benefit Analysis

제2부 주요이론

제4장 | 할인율

지금까지 우리는 시간이라는 요소를 고려하지 않았고 모든 편익과 비용이 사업 시행과 동시에 발생하는 것으로 간주하였다. 그러나 편익과 비용은 수년 혹은 그 이상의 기간에 걸쳐 발생하는 것이 현실이다.

여기서 주의해야 할 점은 다른 시점에 발생하는 편익과 비용은 다르게 취급되어야 한다는 것이다. 예를 들어, 현재 보유하고 있는 100만 원과 1년 후 100만 원의 가치는 같지 않다. 특정 사업의 편익과 비용을 측정하는 데 있어서 상이한 시점에 발생한 편익과 비용을 단순히 합산할 수 없는 이유가 여기에 있다.

현재의 100만 원과 미래의 100만 원을 합산하기 위해서는 미래 100만 원의 현재가치(present value)를 측정하거나, 현재 100만 원의 미래가치(future value)를 측정함으로써 양자의 시점을 일치시켜야 한다. 전자를 현재가치법, 후자를 미래가치법이라고 하는데 비용편익분석에서는 현재가치법을 주로 사용한다. 또한, 현재가치법에 있어서 미래에 발생하는 편익과 비용의 현재가치를 측정하는 것을 할인(discount)이라고 한다.[43]

---

43 현재의 편익과 비용의 미래가치를 측정하는 과정에서는 복리(compounded interest)의 개념이 적용된다.

1절 / 개념

미래에 발생하는 편익과 비용을 할인함으로써 현재가치를 측정한다는 것은 미래의 100만 원이 현재의 100만 원에 비해 가치가 작다는 것을 의미한다. 그 이유는 무엇인가? 다음과 같은 두 가지 이유를 들 수 있다.

첫째, 저축을 통한 투자는 이익을 창출한다. 일상에서 우리는 한 나라의 이자율이 5% 혹은 7%라는 말을 듣는다. 특정 국가의 이자율이 5%라는 것은 현재 시점에서 100만 원을 저축하면 1년 뒤에 105만 원을 받음을 의미한다.[44] 이자율이 5%이면 100만 원의 1년 후 가치는 105만 원이며 따라서 1년 후 105만 원의 현재가치는 100만 원이므로 1년 후의 100만 원의 현재가치는 100만 원보다 작다. 경제가 빠르게 성장하는 나라는 투자의 수익성도 높기 때문에 이자율이 높은 반면, 성장이 정체된 나라는 수익성이 낮기 때문에 이자율이 영(0)에 가까워진다. 이러한 이유로 할인율은 나라마다 다르다.

둘째, 사람은 본능적으로 현재의 편익을 미래의 편익에 비해 선호한다. 왜냐하면, 참을성이 부족하기 때문이다. 사람의 참을성이 충분히 많아서 현재와 미래의 편익에 대해 무차별(indifferent)하게 느낀다면 현재의 100만 원과 미래 100만 원의 가치는 같을 것이나 참을성이 부족하기 때문에 미래 100만 원의 현재가치는 100만 원보다 작을 수밖에 없다. 또한, 참을성이 부족하면 부족할수록 미래 100만 원의 현재가치는 더 작아진다. 참을성은 사람의 본성이기 때문에 국가, 민족에 따라 다르며 시간선호율(time preference rate)로 측정된다. 예를 들어, 우리나라 국민의 시간선호율이 7%, 일본 국민의 시간선호율이 5%라면 이는 우리나라 국민의 참을성이 일본인에 비해 적다는 것을 의미한다.

---

44 1원을 투자해서 얻을 수 있는 이익을 자본이익률 또는 자본의 한계효율이라고 하는데 자본 시장이 경쟁적일 경우 이자율(금리)과 같아진다.

요약하면, 할인을 하는 이유는 생산과 소비 두 측면에서 기인하는데 자본이익률과 시간선호율 중 무엇을 할인율로 사용할 것인가가 문제가 된다. 경쟁적인 자본시장에서와 같이 자본이익률과 시간선호율이 같으면 무엇을 사용하든 문제가 되지 않겠으나 양자는 일반적으로 일치하지 않는다.

자본이익률이 r %이고 시간선호율과 같으면 1년 후 받는 1원의 현재가치는 1/(1 + r)원이다. 그 이유는 1/(1 + r)원을 저축하면 1년 뒤에 1원을 받을 수 있기 때문이다. 이를 수식으로 표현하면 다음과 같다.

$$1/(1+r)\text{원} \times (1+r) = 1\text{원} \tag{4.1}$$

동일한 방법으로 2년 뒤에 받는 1원의 현재가치는 $1/(1+r)^2$원임을 알 수 있다.

$$[1/(1+r)^2\text{원} \times (1+r)] \times (1+r) = 1\text{원} \tag{4.2}$$

따라서 지금부터 t년 후에 발생하는 편익(B_t)의 현재가치(PV)는 아래와 같이 측정된다.

$$PV(B_t) = B_t/(1+r)^t \tag{4.3}$$

1. 물가 상승

한 나라의 물가상승률이 3%라는 것은 가격 수준이 1년 동안 전반적으로 3% 상승함을 의미하기 때문에 현재의 100만 원의 가치는 1년 후 약 97만 원으로 하락한다. 그러나 미래에 발생하는 편익과 비용을 할인하는 이유가 물가 상승 때문은 아니다. 편익과 비용을 명목가치(nominal value)로 측정하고 명목할인율(nominal discount rate)로 할인하면 그 결과는 편익과 비용을 실질가치(real value)로 측정하고 실질할인율(real discount rate)로 할인한 것과 다르지 않기 때문이다.[45] 편익과 비용의 실질가치를 측정하는 방법은 비교적 간단하다. 기준 시점의 가격 수준을 100으로 가정하면 특정 시점의 가격 수준은 90 혹은 110 등과 같이 100보다 작거나 큰 값이 된다. 예를 들어, 1990년도 가격 수준을 100으로 가정할 때 2000년도 가격 수준이 150이면 10년 동안 가격 수준이 50% 상승했으므로 1원의 가치는 50% 감소했다고 할 수 있다. 따라서 2000년도에 발생하는 편익과 비용을 1.5로 나누면 물가상승이 반영된 편익과 비용의 실질가치가 측정된다. 명목 편익(B^N)을 실질 편익(B^R)으로 전환시키는 방법을 수식으로 표현하면 다음과 같다. 여기서 m은 예상물가상승률(expected inflation rate)이다.[46]

$$B^R_t = B^N_t/(1 + m)^t \tag{4.4}$$

또한, 명목할인율(r)과 실질할인율(i) 간에는 다음의 관계가 성립한다.[47]

$$i = (r - m)/(1 + m) \tag{4.5}$$

---

45 물가상승률이 반영되지 않은(명목) 편익과 비용을 경상가격으로 측정된 편익과 비용, 물가상승률이 반영된(실질) 편익과 비용을 불변가격으로 측정된 편익과 비용이라고도 한다.

46 현재 시점에서 미래의 물가 수준을 알 수 없으므로 예상물가상승률이 사용된다.

47 1원을 저축하면 1년 후에 (1 + r)원이 되며 예상물가상승률이 m일 경우 (1 + r)원의 실질가치는 (1 + r)/(1 + m)원이다. 실질 이자율의 정의상, (1 + i) = (1 + r)/(1 + m)이며 이 식을 i에 대해 정리하면 식 (4.5)가 된다.

사업 기간은 4년, 명목할인율은 10%, 예상물가상승률이 4%인 다음과 같은 공공사업을 가정해 보자.

[표 4-1] 명목가치로 측정된 편익과 비용

사업 연도	편익/비용	금액	현재가치
0	비용	400,000원	400,000원
1	편익	100,000원	90,909원[48]
2	편익	100,000원	82,644원
3	편익	100,000원	75,131원
4	편익	300,000원	204,904원
순편익			53,588원

[표 4-2] 실질가치로 측정된 편익과 비용

사업 연도	편익/비용	금액	현재가치
0	비용	400,000원	400,000원
1	편익	96,154원	90,909원
2	편익	92,456원	82,644원
3	편익	88,900원	75,131원
4	편익	256,454원	204,904원
순편익			53,588원

이 사업에 대해 실질 편익, 실질 비용, 실질 할인율을 사용해서 비용편익분석을 수행하더라도 순편익의 현재가치는 달라지지 않는다. 사업 시행 후 1년 뒤에 발생하는 편익 100,000원의 실질가치는 96,154원(100,000원/1.04)이며

48 100,000원/1.1 = 90,909원

96,154원의 현재가치는 90,909원(96,154원/1.0577)이 된다.[49] 또한, 2년 뒤에 발생하는 100,000원의 실질가치는 100,000원/$(1.04)^2$으로 측정되고 그것의 현재가치는 92,456원/$(1.0577)^2$이다.

2. 수평가치

기술적 혹은 행정적 측면에서 공공사업이 종료된 후에도 사업의 편익과 비용은 상당 기간 발생할 수 있다. 예를 들어 중국 진나라 시대에 건축된 만리장성은 지금까지도 관광을 통해 수입을 창출하고 있으며, 로마 시대에 만들어진 도로를 이탈리아 국민들은 현재도 이용하고 있다. 또, 교육 및 훈련 사업은 그 효과가 몇 세대에 걸쳐 나타나기도 한다.

일반적으로 가까운 장래(near future)에 발생하는 편익과 비용은 정확하게 측정할 수 있는 반면, 먼 미래(far future)의 편익과 비용에 대한 예측은 정확도가 떨어진다. 이러한 이유로 영향이 장기간에 걸쳐 나타나는 사업의 경우 가까운 미래와 먼 미래를 구분해서 가까운 미래에 대해서는 매년 발생하는 편익과 비용을 할인하고 이후 발생하는 편익과 비용은 매년 할인하지 않고 뭉뚱그려서 자산가치로 측정하는데 이를 수평가치(horizon value)라고 한다.[50] 사람의 능력이 완전하다면 가까운 미래와 먼 미래를 구분해서 수평가치를 측정할 필요가 없을 것이다. 수평가치를 측정하는 방법으로는 다음과 같은 것들을 들 수 있다.

---

49 실질 할인율 = (0.1 − 0.04)/(1 + 0.04) = 0.0577

50 고속도로 건설에 대한 비용편익분석의 경우 대체로 20년 동안 발생하는 편익과 비용을 할인해서 현재가치를 구하고 20년이 지난 시점에서의 고속도로가치의 현재가치를 측정한다. 이 경우 20년 후까지가 가까운 미래이다.

1) 단순 예측

이 방법은 흔히 외삽법(extrapolation)이라고 하는데 가까운 미래에 발생하는 편익과 비용을 바탕으로 먼 미래에 발생하는 편익과 비용을 예측해서 수평가치를 측정하는 것이다. 이 때 먼 미래에 발생하는 편익과 비용은 매년 일정하게 증가 혹은 감소하는 것으로 가정한다.

예를 들어, 고속도로 건설 후 36년이 되는 시점에서 100만 원의 순편익이 발생할 것으로 추정되고(가까운 미래는 35년 후까지) 이후 순편익이 매년 1.5% 증가한다면 할인율이 8%일 때 35년이 지난 시점에서의 고속도로의 가치는 1,538만 원[100만 원/(0.08−0.015)]이고 수평가치는 1,538만 원의 현재가치인 104만 원[1,538만 원/$(1.08)^{35}$]이 된다.[51]

2) 유동화가치

공장 설비나 학교에서 구입한 버스 등은 사업 기간이 종료된 후에도 중고시장에서의 판매를 통해 현금화할 수 있기 때문에 유동화에 따른 가치를 수평가치로 간주할 수 있다.

다만 이를 위해서는 할인이 종료된 후에 편익이나 비용이 발생하지 않아야 하고 자산이 적절하게 평가될 수 있는 시장이 존재해야 하며 외부성(externalities)이 없어서 자산의 시장가치가 사회적가치를 정확하게 반영해야 한다.

---

51 36년이 지난 시점에서 1원의 순편익이 발생하고 그 후 매년 g만큼 증가할 경우 할인율이 r이면 현재가치는 다음과 같이 측정된다.
$[1/(1+r)^{36}] + [(1+g)/(1+r)^{37}] + [(1+g)^2/(1+r)^{38}] + \cdots = [1/(1+r)^{36}][(1+r)/(r-g)] = [1/(1+r)^{35}][1/(r-g)]$

3) 잔존가치

이것은 매년 고정자산의 일정 부분을 감가상각한 후 내용 연수가 종료하는 시점에서의 자산가치의 현재가치를 수평가치로 간주하는 회계학적 방법이다.

3. 내부수익률

특정 사업의 순편익의 현재가치를 영(0)으로 만드는 할인율을 내부수익률(internal rate of return)이라고 한다. 특정 사업의 내부수익률이 시장에서 형성된 이자율보다 높으면 수익성이 있다고 할 수 있으나 이자율에 못 미치면 수익성이 없다고 하겠다.

특정 사업의 내부수익률이 7%이고 이자율이 5%라고 하자. 내부수익률의 정의에 의하면 이 사업으로 발생하는 순편익을 7%로 할인하면 현재가치가 0이 되기 때문에 이자율 5%로 할인하면 현재가치는 양(+)이 될 것이다. 내부수익률이 7%라는 것은 할인율이 7% 이하인 한 순편익의 현재가치는 양(+)이 됨을 의미한다. 내부수익률이 높을수록 사업의 타당성이 높은 이유는 그 사업이 높은 이자율을 감당할 수 있기 때문이다. 하지만 내부수익률을 통해 사업의 타당성을 평가하는 방법은 다음과 같은 문제점도 가지고 있다.

첫째, 하나의 사업에 두 개 이상의 내부수익률이 존재할 수 있는데, 이 경우 어떤 것을 기준으로 의사결정을 해야 하는지가 문제가 된다. 시간이 지남에 따라 순편익의 현재가치가 지속적으로 감소하는 사업은 하나의 내부수익률을 가지지만 감소하다가 증가하는 사업은 두 개의 내부수익률을 가지며 감소→증가→감소하는 사업의 경우에는 세 개의 내부수익률이 존재하게 된다.

둘째, 내부수익률은 말 그대로 비율이기 때문에 순편익의 규모(scale)가 고려되지 않는다. 내부수익률이 높은 사업이라고 해서 순편익이 큰 것은 아니기 때문에 내부수익률과 순편익에 의한 의사결정의 결과가 상충할 수 있다. 이러한 문제가 항상 발생하는 것은 아니며 편익과 비용의 흐름이 특정 패턴(pattern)을 따를 경우 나타난다. 다음과 같은 두 사업 A, B를 가정해 보자.

[표 4-3] 순편익과 내부수익률

	t=0	t=1	t=2	t=3	순편익	내부수익률
사업 A	-1,000원	475원	475원	475원	181.3원	20%
사업 B	-500원	256원	256원	256원	136.6원	25%

할인율이 10%이면 사업 A의 순편익은 사업 B의 순편익보다 크지만 내부수익률은 낮다. x축에 할인율을, y축에 순편익을 나타내면 사업 A와 사업 B는 〈그림 4-1〉과 같이 표시된다.[52] 이 그림에서 주목해야 할 사실은 할인율이 15% 이상일 경우 사업 B의 순편익이 사업 A에 비해 크지만 할인율이 15% 미만이면 사업 A의 순편익이 더 크다는 것이다. 즉, 높은 할인율을 적용하느냐, 낮은 할인율을 적용하느냐에 따라 두 사업의 순편익의 상대적인 크기가 달라진다. 따라서 사업 B의 내부수익률이 사업 A에 비해 높다고 해서 사업 B가 우월하다고 할 수 없다.

52 할인율이 영(0)이면 순편익은 매 기간 발생하는 편익과 비용의 단순한 합이기 때문에 사업 A의 y절편은 425원(-1,000원+475원+475원+475원)이며 x절편에서는 순편익이 영(0)이기 때문에 할인율은 내부수익률이 된다.

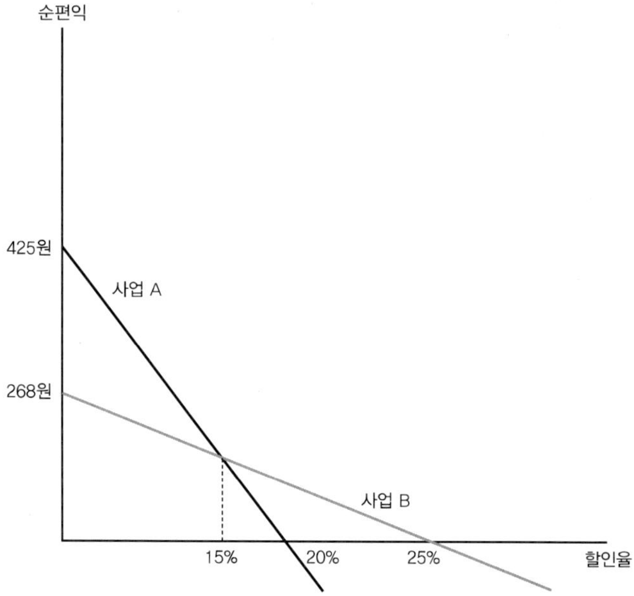

〈그림 4-1〉 순편익과 내부수익률

이러한 현상이 나타난 이유는 무엇인가? 사업 A는 사업 B에 비해 비용이 많이 들지만 편익도 크다. 또한, 두 사업 모두 비용은 현재 시점에서 발생하지만 편익은 미래에 발생하기 때문에 편익만 할인의 대상이 된다. 따라서 사업 A의 순편익이 할인율에 더 민감하게 반응한다.[53]

4. 연금

일정한 순편익이 매년 발생한다면 순편익의 현재가치를 측정하는 문제는 연금(annuities)의 현재가치를 측정하는 것이 된다. 또한, 순편익이 매년 일정

53 그림에서 사업 A의 기울기가 더 가파르다.

비율로 증가 혹은 감소하는 경우에도 연금의 현재가치를 측정하는 방법을 적용할 수 있다.

1) 연금의 현재가치

이자율이 r이고 n년 동안 매년 말에 A원을 받는 연금의 현재가치는 다음과 같다.

$$[A/(1+r)] + [A/(1+r)^2] + [A/(1+r)^3]...+[A/(1+r)^n] = A[(1-(1+r)^{-n})/r] \quad (4.6)$$

여기서 $(1-(1+r)^{-n})/r$을 연금계수(annuity factor)라고 하는데 거의 모든 금융 관련 교과서에 그 값이 수록되어 있다. 연금계수는 이자율(r)과 만기(n)에 의해 결정되는데 예를 들어 이자율이 7%이고 만기가 5년인 연금의 연금계수는 4.1002가 된다. 따라서 매년 말에 천만 원을 받는 연금의 현재가치는 약 4,100만 원이다.

2) 영구적인 연금의 현재가치

매년 말에 일정 금액을 영구적으로 받는 연금의 연금계수는 식 (4.6)에서 n을 무한 값으로 가정함으로써 구할 수 있다. n이 무한 값이면 연금계수인 $(1-(1+r)^{-n})/r$은 1/r로 수렴한다. 따라서 매년 말에 A원을 받는 영구적인 연금의 현재가치는 A/r원이다.

3) 매년 일정 비율로 증가하는 연금의 현재가치

1년 뒤에 A원, 2년 뒤에 A(1 + g)원, 3년 뒤에 $A(1+g)^2$원을 받는 연금의 현재가치는 만기가 n년일 경우 다음과 같이 계산된다.

$$[A/(1+r)] + [A(1+g)/(1+r)^2] + [A(1+g)^2/(1+r)^3] \ldots + [A(1+g)^{n-1}/(1+r)^n]$$
$$= [A/(1+g)][((1+g)/(1+r)) + ((1+g)/(1+r))^2 \ldots + ((1+g)/(1+r))^n] \quad (4.7)$$

여기서 $((1+g)/(1+r)) + ((1+g)/(1+r))^2 \ldots + ((1+g)/(1+r))^n$은 아래와 같이 정리되기 때문에 이자율이 $(r-g)/(1+g)$인 경우의 연금계수가 된다.

$$[1-(1+((r-g)/(1+g)))^{-n}]/[(r-g)/(1+g)] \quad (4.8)$$

결국, 식 (4.7)은 이자율이 $(r-g)/(1+g)$이고 n년에 걸쳐 매년 $A/(1+g)$원을 받는 연금의 현재가치가 된다.

4) 매년 일정 비율로 증가하는 영구적인 연금의 현재가치

연금 기간 n이 무한 값이면 식 (4.8)에서 $(1+((r-g)/(1+g)))^{-n}$은 영(0)으로 수렴하기 때문에[54] 연금계수는 $(1+g)/(r-g)$가 되고 따라서 연금의 현재가치는 $[A/(1+g)][(1+g)/(r-g)] = A/(r-g)$원이 된다.

2절 / 이론

앞에서 언급한 바와 같이 현실에서는 자본수익률이나 시간선호율이 할인율로 사용된다. 이 절에서는 이 두 변수를 할인율로 사용하는 이유를 설명하

---

54 $r > g$인 경우에 성립한다.

고 어떤 조건에서 자본수익률과 시간선호율이 일치하는지, 두 변수가 일치하지 않을 경우 할인율로 무엇을 사용해야 하는지에 대해 논의한다.

1. 자본수익률과 시간선호율의 일치

개인이 예산제약 하에서 자신의 효용이 극대화되는 소비 행위를 하듯이 국가도 생산 능력 내에서 사회 전체의 복지(후생)를 극대화하는 소비를 한다. 이는 이론적으로 생산가능곡선(production possibility curve)과 사회적 무차별곡선(social indifference curve)을 통해 설명된다.

생산가능곡선은 한 나라의 생산 능력을 나타내며 사회적 무차별곡선은 그 나라 국민의 소비 특성을 보여 준다.

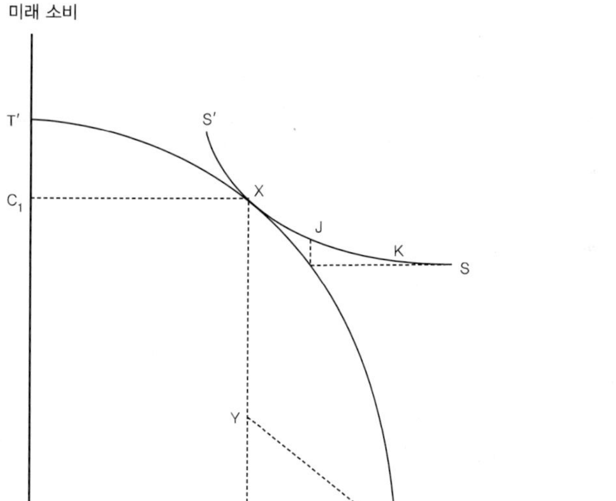

〈그림 4-2〉 생산가능곡선과 사회적 무차별 곡선

〈그림 4-2〉에서는 x축에 현재소비, y축에 미래소비를 표시하는데 그 이유는 자본수익률과 시간선호율 자체가 현재와 미래라는 두 시점의 관계를 나타내기 때문이다. 자본수익률이 r이라는 것은 현 시점에서 1원을 투자하면 1년 뒤에 1 + r원을 받을 수 있음을 의미한다. 또한 시간선호율이 s라는 것은 1원의 현재소비와 1 + s원의 미래소비가 무차별함을 나타낸다.

생산가능곡선(T′T)과 x축이 만나는 점 T는 모든 생산요소를 현재 시점에서 투입할 때 가능한 생산이며 y축과 만나는 점 T′은 미래에 모든 생산요소를 투입하면 가능한 생산이다. 일반적으로 T′은 T보다 큰데 경제가 성장하기 때문이다. 사회적 무차별곡선(S′S)은 우하향하고 원점에 대해 볼록하다고 가정하였다. 그림에서 보듯이 최적(optimum)은 이번 기에 C_0, 다음 기에 C_1을 소비하는 상태, 다시 말해 생산가능곡선과 무차별곡선이 만나는 상태(X)이다.

이것이 의미하는 바를 생산과 소비 측면으로 나누어서 살펴보자. 현재소비가 OC_0이기 때문에 투자(저축)는 TC_0만큼 이루어지며 그 결과 다음 기 소비는 OC_1이 된다. 다음 기 소비 OC_1은 이번 기에 이루어진 투자(YC_0)와 투자로부터 발생한 수익(XY)으로 분해되기 때문에 다음 식이 성립한다.[55]

$$(C_1/I_0) = [(YC_0 + XY)/TC_0] = 1 + (XY/TC_0) = 1 + r \quad (4.9)$$ [56]

식 (4.9)에서 TC_0가 충분히 작으면 C_1/I_0은 X에서 측정한 생산가능곡선의 기울기가 된다. 따라서 식 (4.10)이 성립한다.

---

55 직선 YT와 직선 C_0T가 이루는 각이 45도이면 YC_0는 C_0T와 같기 때문에 YC_0를 이번 기에 이루어진 투자라고 할 수 있다.

56 TC_0는 이번 기에 이루어진 투자이고 XY는 다음 기 소비 중 투자를 초과하는 부분이므로 XY/TC_0를 자본수익률이라고 할 수 있다.

$$생산가능곡선의\ 기울기 = 1 + r \tag{4.10}$$

한 나라가 동일한 사회적 무차별곡선 상의 두 점인 K에서 J로 이동하면 현재 소비는 줄고($-\Delta C_0$) 미래 소비는 증가하지만(ΔC_1) 후생은 변하지 않는다. 이를 수식으로 표현하면 아래와 같은데 MU_0와 MU_1은 각각 현재 소비와 미래 소비의 한계효용을 나타낸다.

$$(-\Delta C_0)(MU_0) = (\Delta C_1)(MU_1) \rightarrow -(\Delta C_1/\Delta C_0) = (MU_0/MU_1) \tag{4.11}$$

식 (4.11)에서 $-(\Delta C_1/\Delta C_0)$은 1보다 크며 ΔC_0가 충분히 작으면 J에서 측정한 사회적 무차별곡선의 기울기가 된다.

$$사회적\ 무차별곡선의\ 기울기 = 1 + s \tag{4.12}$$

이상의 논의를 바탕으로 우리는 다음과 같은 중요한 사실을 확인할 수 있다. 첫째, 한 나라의 생산함수와 사회적 후생함수를 알면 그 나라의 생산가능곡선과 사회적 무차별곡선을 도출할 수 있으며 자본수익률과 시간선호율도 측정할 수 있다. 둘째, 한 나라의 후생이 극대화되는 최적 상태에서는 자본수익률과 시간선호율이 일치한다. 셋째, 자본수익률과 시간선호율이 일치하면 이는 시장이자율과 같아진다.[57] 이 경우 우리는 자본수익률이나 시간선호율을

---

57 자본 시장에서 기업은 자본을 수요하고 소비자는 자본을 공급한다. 기업의 입장에서 이자율은 비용이기 때문에 자본수익률이 이자율을 초과하는 한 돈을 빌리고자 할 것이다. 또한 소비자의 입장에서 이자율은 자본 공급에 따른 수익이기 때문에 이자율이 시간선호율을 초과하는 한 돈을 빌려 줄 것이다. 따라서 균형 즉 최적 상태에서는 자본수익률과 이자율이 같아지고 동시에 이자율은 시간선호율과 일치하게 된다.

측정하지 않고 시장 이자율을 할인율로 사용할 수 있다.

2. 자본수익률과 시간선호율의 불일치

균형 상태에서는 자본수익률과 시간선호율이 일치하지만 현실에서는 자본수익률이 시간선호율보다 큰 것이 일반적이다. 이러한 차이를 가져오는 원인 중 하나는 세금이다. 어떤 기업이 시간선호율이 6%인 소비자로부터 1년간 100원을 빌려서 106원을 벌었다고 가정하자. 이때 기업은 6원의 이자를 소비자에게 지급할 수 없는데 법인세를 정부에 내야 하기 때문이다. 법인세율이 40%이면 소비자는 3.6원((1 - 0.4) × 6원)을 받을 수 있다.

또한 소비자는 기업으로부터 받은 3.6원 중 일부를 소득세로 정부에 납부해야 한다. 소득세율이 30%일 경우 3.6원의 70%인 2.52원이 소비자의 최종적인 몫이다. 결과적으로 소비자의 세후 자본수익률은 2.52%에 불과하다. 이 기업이 소비자에게 6원을 지급하기 위해서는 6원 이상의 이익을 얻어야 하는 것이다.

자본수익률과 시간선호율의 불일치를 초래하는 다른 요인으로 위험을 들 수 있다. 민간사업은 공공사업에 비해 더 위험하기 때문에 정부가 투자자에게 시간선호율에 해당하는 이자를 지급하면 기업은 시간선호율보다 높은 이자를 지불해야 한다. 위험에 대한 가산 금리가 발생하는 것이다. 물론, 경우에 따라서 민간사업이 공공사업에 비해 덜 위험할 수 있다. 그러나 정부는 다양한 종류의 대규모 사업을 수행하고 사업의 대상이 되는 소비자도 민간사업에 비해 다양하다. 그 결과, 평균적으로 정부사업이 민간사업에 비해 덜 위험하다.

자본수익률과 시간선호율이 일치하지 않을 경우 어떤 것을 할인율로 사용해야 하는가? 측정의 난이도를 논외로 하더라도 이론적 측면에서 어느 것이 더 우월한지 명확하지 않기 때문에 둘 중 하나를 배제하기보다는 양자를 결합한 할인율을 사용하는 것이 바람직하다.

공공사업으로 발생한 비용은 세금과 국채를 통해 조달된다. 국민이 세금을 납부하면 가처분소득이 감소하기 때문에 소비가 줄어든다(C_0). 또한, 공공투자와 민간투자는 자본시장에서 경쟁 관계에 있기 때문에 국민이 국채를 구입하면 민간투자가 감소한다(I).[58] 소비가 1원 감소하면 시간선호율(s)에 해당하는 비용이, 투자가 1원 감소할 경우에는 자본수익률(r)만큼의 비용이 발생한다고 할 수 있다. 따라서 시간선호율을 할인율로 사용할 경우 영구적으로 매년 발생하는 비용(C)의 현재가치는 다음과 같이 정의된다.

$$C = C_0 + I \quad (4.13)$$

$$PV(C) = PV(C_0) + PV(I) = [(C_0 s)/s] + [(Ir)/s] = C_0 + (Ir/s) \quad (4.14)$$

다음으로 편익은 현금 형태의 편익과 비(非)현금 형태의 편익으로 구분되는데 현금은 투자를 통해 이익을 창출하지만 비현금은 이익을 만들어 내지 못한다. 시간선호율을 할인율로 사용할 경우 영구적으로 매년 발생하는 편익(B)의 현재가치는 다음과 같이 정의된다.

1원의 편익 $= br + (1 - b)$, b: 현금 형태의 편익의 비중 (4.15)

---

58 공공투자의 증가에 의해 민간투자가 감소하는 현상을 구축효과(crowding out effect)라고 한다.

$$PV(B) = [B(br+(1-b))]/s \tag{4.16}$$

결국, 순편익의 현재가치가 정(+)이어야 한다는 조건은 다음과 같이 정리된다.[59]

$$[B(br+(1-b))]/s > C_0+[(Ir)/s] \rightarrow B > (C_0s+Ir)/[br+(1-b)] \tag{4.17}$$

3. 세대 간 할인

지금까지 우리는 모든 시점에 대해 동일한 할인율을 적용하였다. 특정 사업의 편익과 비용이 30년에 걸쳐 발생하는 경우 1년 뒤에 발생하는 편익과 비용을 5%로 할인한다면 30년 뒤에 발생하는 편익과 비용에 대해서도 5%의 할인율을 적용하였다. 물론, 동일한 할인율을 적용하더라도 30년 뒤의 편익과 비용의 현재가치는 1년 뒤에 발생하는 편익과 비용의 현재가치에 비해 매우 작다.

그러나, 현재로부터 먼 시점에 발생하는 편익과 비용에 대해서는 낮은 할인율을 적용해야 한다는 주장도 있다. 모든 시점에 대해 동일한 할인율을 적용할 것이 아니라 시간이 경과됨에 따라 할인율을 낮추어야 한다는 것이다. 예를 들어, 1년 뒤에 발생하는 편익과 비용을 5%로 할인한다면 2년 뒤에 발생하는 편익과 비용은 4.7%, 3년 후의 편익과 비용은 4.5%로 할인해야 한다는 것이다.

---

59 하버거(Harberger)는 할인율은 자본수익률과 시간선호율의 가중 평균이며 가중치는 세금과 국채로 조달된 비용의 상대적인 크기라고 하였다. 하버거에 따르면 할인율은 $[\Delta I/(\Delta I + \Delta C)]r + [\Delta C/(\Delta I + \Delta C)]s$가 된다.

특히, 사업의 효과가 몇 세대에 걸쳐 장기적으로 나타나는 경우 이 방법을 사용하면 먼 장래에 발생하는 편익과 비용의 현재가치가 덜 감소한다. 시간이 경과함에 따라 할인율 자체를 낮추어야 하는 이유는 다음과 같다.

첫째, 사람들이 시간에 대해 비(非)일관적인(inconsistent) 태도를 보이기 때문이다. 현실에서는 고려의 대상이 되는 기간이 단기인지 장기인지에 따라 할인율이 달라진다. 대체로 단기적 의사결정에 있어서는 높은 할인율을, 장기에 대해서는 낮은 할인율을 적용한다.[60] 사람들은 국채와 같은 장기-저금리 금융상품을 매입하거나 장기-저금리 주택 융자를 받지만 동시에 높은 이자율이 적용되는 단기적인 신용카드 대출을 이용하기도 한다.

둘째, 고정된 할인율을 적용하면 윤리적인(ethical) 딜레마에 빠질 수 있다. 앞에서 언급했듯이 아주 낮은 할인율을 적용하지 않는 한 먼 미래에 발생하는 편익과 비용의 현재가치는 매우 작아진다. 다음 세대에 미치는 긍정적, 부정적 영향이 저평가되는 것이다.

셋째, 엄밀한 의미에서 현재의 할인율은 현 세대의 선호를 반영할 뿐 아직 태어나지 않은 미래 세대의 선호는 반영되지 않으며 현재 시점에서 특정 사업이 미래 세대에 미치는 영향을 정확하게 예측할 수도 없다. 또한, 자본수익률이 할인율로 사용되는 이유는 그것이 공공사업에 투자되는 자금의 기회비용을 나타내기 때문인데 현실적으로 수백 년에 걸쳐 일정한 수익을 제공하는 사업은 존재하지 않는다.

끝으로 장기적 예측은 단기적 예측에 비해 불확실하다. 400년 후에 10억 원의 편익이 발생하고 할인율이 50%의 확률로 1%가 되거나 50%의 확률로

---

60 몇몇 연구에 의하면 고려의 대상이 되는 기간(x축)과 적용되는 할인율(y축)의 관계를 나타내는 할인 함수(discount function)는 우하향하면서 원점에 대해 볼록하다(hyperbolic)고 한다. 즉, 고려의 대상이 되는 기간이 길어짐에 따라 할인율이 감소하며 감소 폭은 줄어든다는 것이다.

7%가 된다면 현재가치는 얼마인가? 직관적으로 기대 이자율(expected discount rate)이 4%((0.5 × 7%) + (0.5 × 1%))이기 때문에 현재가치를 154원(10억 원/$(1.04)^{400}$)이라고 할 수 있으나 이는 잘못된 것이다. 불확실성이 반영된 현재가치는 다음과 같이 계산된다.

$$[0.5 \times (10\text{억 원}/(1.07)^{400})] + [0.5 \times (10\text{억 원}/(1.01)^{400})] = 934\text{만 원} \quad (4.18)$$

이 금액은 400년 후의 10억 원을 1.17%로 할인한 것과 같다.[61] 할인율이 50% 확률로 7%이거나 50% 확률로 1%인 경우 하나의 할인율을 사용해서 현재가치를 측정하기 위해서는 기대 할인율인 4%가 아니라 그보다 훨씬 낮은 1.17%를 적용해야 한다. 할인율의 불확실성을 반영하기 위해서는 기대 할인율로 현재가치를 계산하기보다는 현재가치의 기댓값(expected present value)을 계산해야 한다.[62]

3절 / 측정

자본수익률과 시간선호율이 일치하지 않고 양자의 측정이 쉽지 않다면 시장에서 관찰이 가능한 지표를 할인율로 사용하는 것이 차선이다. 자본수익률로 주식(equities) 수익률과 회사채(corporate bonds) 수익률을 생각할 수 있는데 대체로 세전-실질 회사채 수익률(real-before tax rate of return on corporate bonds)이 할인율로 사용된다.[63] 자본수익률로서 주식이 아닌 회사

---

61 10억 원/$(1 + r)^{400}$ = 934만 원을 만족시키는 r은 0.0117이다.

62 불확실성이 존재하는 경우 소비자는 기대수익이 아닌 기대효용을 극대화하기 때문이다.

채 수익률이 선호되는 이유는 자본수익률은 정의상 한계 상태에 있는 기업이 지불할 수 있는 이자율인데 주식수익률의 평균은 한계기업이 지불할 수 있는 이자율보다 높기 때문이다. 또한, 회사채 수익률은 즉각적으로 알 수 있으나 주식 수익률은 일정 기간이 지난 후에 측정할 수 있으며 기간을 어떻게 설정하느냐에 따라 그 값이 크게 달라진다. 더구나, 주식 수익률에는 주식 보유에 따른 위험에 대한 가산 금리도 포함되어 있다.

현재 소비와 미래 소비의 교환 비율을 나타내는 시간선호율로는 세후-실질 저축수익률(real-after tax rate of return on savings)이 주로 사용된다. 미국에서는 국가가 발행하는 1년 혹은 10년 만기 국채의 월 이자율의 평균이 시간선호율로 사용된다.

우리나라의 경우 할인율에 관한 연구는 2001년 국토연구원에서 수행한 '민간투자사업의 수익률에 관한 연구'가 대표적이다. 이 연구에 의하면 실질가치로 측정한 1990년대의 자본수익률의 평균은 8.3%이지만 공공투자사업에 대해서는 7.5%, 수자원·환경사업에 대해서는 5.5%의 할인율을 적용할 것을 제안하고 있다. 이러한 사업에 있어서는 계량화할 수 없는 무형의 편익이 발생할 수 있기 때문이다.

미국의 경우에는 OMB(Office of Management and Budget)가 민간투자의 세전 자본수익률인 7%를 할인율로 제시하였으나 GAO(General Accounting Office)와 CBO(Congressional Budget Office)는 30년 만기 국채 이자율인 3.5%를 할인율로 제안하였다. 실제로 FHWA(Federal Highway Administration)는 고속도로 건설에 대한 비용편익분석에 있어서 7%의 할인율을 적용하였으나 DOT(Department of Transportation)는 도로 건설에 5~7%의 할인율을

63 미국에서는 무디스사(Moody's Corporation)사에 의해 AAA 등급으로 평가된 회사들이 발행한 채권의 월 이자율의 평균이 자본수익률로 사용된다.

적용한 바 있다.

경제가 저성장 상태인 영국은 할인율을 낮추고 있는데 1997년에는 시간선호율이 4%임에도 불구하고 할인율로 6%를 사용하였으나 2003년에 할인율을 3.5%로 낮추었다. 또한, 불확실성을 반영하기 위해 사업 기간에 따라 상이한 할인율을 적용하고 있다. EU의 경우, 공식적으로 5%의 할인율을 권장하고 있다. EU 장기채권의 실질 수익률이 2.5%이기 때문에 그 두 배인 5%를 투자의 기회비용의 하한(lower bound)으로 설정한 것이다. 또한, EU 국민의 시간선호율이 약 3~5%라는 사실도 고려되었다.

[표 4-4] 사업 기간별 할인율: 영국의 경우

사업 기간	30년 미만	31~75년	76~125년	126 ~200년	201 ~300년	300년 이상
할인율	3.5%	3.0%	2.5%	2.0%	1.5%	1.0%

제5장 | 위험과 불확실성

지금까지 우리는 특정 사업과 관련된 편익과 비용을 정확하게 안다는 가정하에 순편익을 계산하였다. 그러나 현실적으로 편익과 비용의 크기를 정확하게 측정하는 것은 거의 불가능하며 다음과 같은 두 가지 상황이 발생한다.

첫째, 편익과 비용이 어떠한 값을 가질 수 있는지 알고 특정한 편익과 비용의 실현 가능성을 예측할 수 있는 상황을 위험(risk)이라고 한다. 예를 들어, 장래에 발생 가능한 순편익이 100원, 200원, 500원, 1,000원이고 발생할 확률이 각각, 0.2, 0.5, 0.2, 0.1인 것을 알면 우리는 순편익의 확률분포(probability distribution)를 안다고 할 수 있다.[64] 둘째, 발생 가능한 순편익을 알지만 개별 순편익의 실현 가능성을 모르는 상황에서는 순편익의 확률분포를 알 수 없는데 이를 불확실성(uncertainty)이라고 한다.

두 경우에 있어서 우리의 주된 관심사는 불확실한 순편익을 하나의 값으로 나타내는 것이다. 왜냐하면, 우리의 목표는 여러 대안의 우선순위를 정하는 것이며 이를 위해서는 개별 대안의 순편익을 숫자(값)로 표시해야 하기 때문이다.[65]

---

64 통계학 용어를 빌려 설명하면 순편익은 확률변수(random variable), 특정 순편익이 실현될 가능성은 확률(probability), 확률변수와 확률의 관계를 나타내는 함수는 확률밀도함수(probability density function)가 된다.

65 확률분포 자체는 하나의 숫자가 아니며 불확실성이 존재하는 경우에는 확률분포도 알지 못한다.

1절 / 위험

특정 사업에 있어서 발생할 수 있는 순편익의 경우의 수는 유한하다. 즉, 순편익이라는 확률변수가 가질 수 있는 값은 제한되어 있다. 예를 들어, 어떤 사람이 출근하면서 우산을 가지고 갈 것인가를 결정하는 데 있어서 고려해야 하는 경우의 수는 '비가 올 것인가'와 '비가 오지 않을 것인가' 두 가지이다. 비가 오지 않더라도 강도를 만나서 우산을 무기로 사용해야 하는 경우가 발생할 수 있다. 하지만 이러한 경우가 발생할 가능성은 무시해도 좋을 만큼 낮기 때문에 우산을 가지고 갈 것인지를 결정하는 데 있어서 고려의 대상이 되지 않는다.

위험이라는 요소를 비용편익분석에 반영하는 첫 번째 단계는 미래에 발생할 수 있는 상황(contingencies)을 구체적으로 나열하는 것이다. 이때, 발생 가능한 상황을 빠짐없이(exhaustive), 중복되지 않게(mutually exclusive) 나열해야 한다. 다음으로 개별 상황의 발생 확률을 계산해서 개별 상황에 대응시키면 우리는 순편익의 확률분포를 알게 된다. 순편익의 확률분포를 알면 기댓값(expected value)이라는 통계학적 개념을 사용해서 위험을 고려한 순편익을 측정할 수 있다.[66]

미래에 발생 가능한 경우의 수가 n, 각각의 경우가 발생할 확률이 p_1, p_2, … p_n, 발생 가능한 순편익이 NB_1, NB_2, … NB_n이면 순편익의 기댓값은 다음과 같이 계산되는데, 이는 장래에 발생할 수 있는 순편익을 발생 확률로 가중 평균(weighted average)한 것이다.

$$E(NB) = p_1NB_1 + p_2NB_2 + \cdots + p_nNB_n \quad (5.1)$$

66 뒤에서 논의하겠지만 기댓값을 통한 위험의 반영은 불완전하다.

예를 들어, 아래의 경우에 있어서 순편익의 기댓값을 계산하면 식 (5.2)가 된다.

[표 5-1] 순편익의 확률 분포

	상황 A	상황 B	상황 C	상황 D
순편익	100원	200원	500원	1,000원
확률	0.2	0.5	0.2	0.1

$$\text{기댓값} = (0.2 \times 100\text{원}) + (0.5 \times 200\text{원}) + (0.2 \times 500\text{원}) + (0.1 \times 1{,}000\text{원}) = 320\text{원} \quad (5.2)$$

물론, 기댓값이 위험을 반영하는 유일한 방법은 아니다. 기댓값은 확률분포의 중심을 나타내는 여러 모수(parameter) 중 하나이다. 확률분포의 중심을 나타내는 모수로는 중간값(median), 최빈값(mode), 기댓값 등이 있는데 어느 것을 사용하느냐에 따라 위험이 반영된 순편익의 크기도 달라진다.[67]

[표 5-1]에 있어서 가능한 모수들을 보여 주는 것이 [표 5-2]인데 기댓값 대신 중간값이나 최빈값을 모수로 사용하면 순편익이 작아진다는 것을 알 수 있다.

[표 5-2] 모수 선택에 따른 순편익의 크기

	기댓값	중간값	최빈값
순편익	320원	200원	200원

67 중간값은 서열상 가운데 값이며 최빈값은 발생할 확률이 가장 높은 값이다.

1. 순편익의 기댓값과 분산

기댓값을 통해 위험을 반영하는 방법은 큰 약점을 가지고 있다. 기댓값이 같아도 분산(variance)이 다른 두 확률분포는 다르게 취급되어야 하기 때문이다. 기댓값만으로는 위험이라는 요소를 비용편익분석에 완전하게 반영하지는 못한다. 확률분포의 특성을 나타내는 모수로서 기댓값과 함께 분포가 퍼져 있는 정도를 나타내는 분산을 사용하는 이유가 여기에 있다.

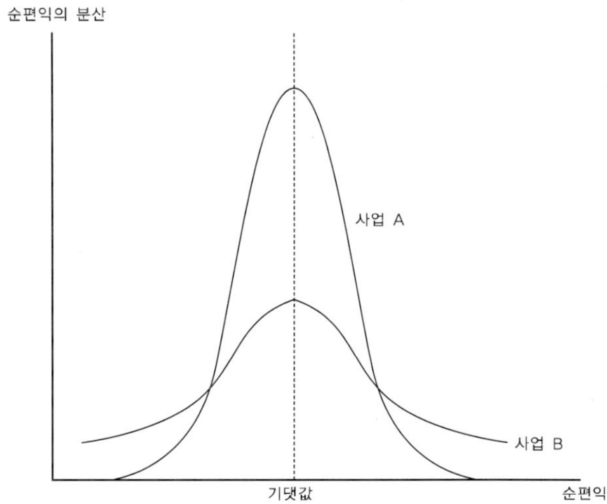

〈그림 5-1〉 순편익의 기댓값과 분산

〈그림 5-1〉에서 우리는 두 사업 A, B의 순편익의 기댓값은 같지만 분산은 사업 B가 더 크다는 것을 알 수 있다. 따라서 우리가 순편익의 분산을 고려하지 않으면 두 사업은 무차별해지는데 이는 타당하지 않다. 사업 B의 순편익은 경우에 따라서 매우 작을 수도, 클 수도 있기 때문에 사업 B는 사업 A에 비해 더 위험하다고 할 수 있다. 일반적으로 사람들은 위험을 싫어하기 때문

에 사업 A를 사업 B에 비해 선호하며 사람들이 위험기피자(risk averter)인 한 순편익의 기댓값과 분산을 모두 고려해야 비용편익분석에 위험을 적절하게 반영하게 된다.[68]

[표 5-3] 순편익의 확률분포, 기댓값 그리고 분산

사업	순편익					기댓값	분산
	0원	25원	50원	75원	100원		
A	0.20	0.20	0.20	0.20	0.20	50원	1,250원[69]
B	0.50	-	-	-	0.50	50원	2,500원
C	0.66	0.33	0.33	-	-	25원	625원
D	0.25	0.50	0.25	-	-	25원	312.5원

[표 5-3]은 가상적인 네 사업의 순편익의 확률분포, 기댓값, 그리고 분산을 나타낸다. 네 사업 중 무엇이 최적인가? 먼저, 사업 A와 B를 비교하면 순편익의 기댓값은 같지만 사업 A의 분산이 작기 때문에 사업 A가 우월하다. 마찬가지로, 사업 C와 D를 비교하면 사업 D가 우월함을 알 수 있다. 문제는 사업 A와 D를 비교하는 것이다. 사업 A는 D에 비해 순편익의 기댓값이 크지만 분산 또한 크다. 이 경우 두 사업의 우열을 어떻게 판단할 것인가?

앞에서 언급했듯이 사람들은 '큰 기대순편익-작은 분산'을 선호한다. 따라서 '큰 기대순편익-큰 분산'과 '작은 기대순편익-작은 분산' 간에 차이를 못 느낄 수 있다. 즉, 개인별로 동일한 효용을 주는 순편익의 기댓값과 분산의

68 동일한 기대순편익하에서는 더 낮은 위험을, 동일한 위험하에서는 더 높은 기대순편익을 선호하는 사람을 위험기피자라고 한다. 위험에 대해 무관심한 사람 즉, 기대순편익이 같으면 위험이 다르더라도 동일한 사업으로 간주하는 사람은 위험에 대해 중립적(neutral)이다. 위험에 대해 중립적인 사람의 경우에는 기대순편익만이 의사 결정에 영향을 미친다.

69 $[(0-50)^2+(25-50)^2+(50-50)^2+(75-50)^2+(100-50)^2]/5$

조합들이 존재하며 이러한 조합들을 연결하면 일종의 무차별곡선이 만들어진다. 수평축에 순편익의 기댓값, 수직축에 분산을 나타내면 개별 사업은 평면 위의 한 점으로 표시되며 효용이 같은 점(조합)들을 연결하면 〈그림 5-2〉와 같은 무차별곡선이 나타난다.

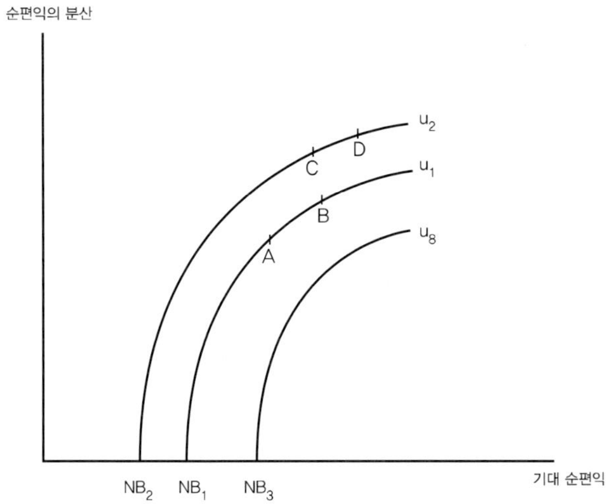

〈그림 5-2〉 기대순편익과 분산의 무차별곡선

〈그림 5-2〉에서 사업 A와 B는 동일한 무차별곡선 위에 있으므로 효용이 같으며 사업 C는 사업 B에 비해 순편익의 분산이 크기 때문에 효용이 작다. 또한, 사업 C와 D는 무차별하다. 따라서 사업 D는 사업 B에 비해 효용이 작다. 사업 D는 사업 B에 비해 기댓값과 분산이 크지만 무차별곡선을 이용하면 사업 D가 사업 B에 비해 열등함을 알 수 있다.

또한, 우리가 무차별곡선을 알면 순편익의 기댓값과 분산의 조합을 하나의 값으로 전환시킬 수 있다.[70] 무차별곡선 u_1은 NB_1에서 수평축과 만나는데 수직축이 분산을 나타냄을 감안하면 NB_1은 분산이 영(0)인 경우의 순편익 즉, 확실한 순편익이다. 이를 확실대등가치(certainty equivalent value)라고 한다. 따라서 무차별곡선 u_2 위에 있는 사업 C와 사업 D의 확실대등가치는 NB_2이다. 사업 C와 사업 D의 기댓값과 분산은 다르지만 확실대등가치는 NB_2로서 동일하다. 마찬가지로 무차별곡선 u_1 위에 있는 두 사업 A, B의 확실대등가치는 NB_1이다. 즉, 동일한 무차별곡선 위에 있는 사업들의 확실대등가치는 같다.

이상의 논의를 요약하면 다음과 같다. 사람들이 순편익의 기댓값과 분산에 부여하는 가치를 알 수 있다면 즉, 무차별곡선을 파악할 수 있다면 순편익의 기댓값과 분산의 조합을 하나의 숫자로 바꿀 수 있기 때문에 우리는 위험을 고려한 비용편익분석을 할 수 있다. 다만, 무차별곡선을 파악하기 위해서는 효용함수(utility function)를 알아야 한다. 무차별곡선은 동일한 효용을 주는 순편익의 기댓값과 분산의 조합들을 연결한 것이기 때문에 순편익의 기댓값, 분산, 그리고, 효용의 관계를 나타내는 효용함수를 알아야 무차별곡선을 파악할 수 있다.

2. 순편익의 기대효용 극대화

위험에 대해 중립적인 사람에게는 순편익의 분산이 효용에 영향을 주지 않기 때문에 단순히 순편익의 기댓값이 가장 큰 사업을 선택한다. 이를 기대순편익 극대화(expected net benefit maximization)라고 한다. 하지만 대다수 사람들은 위험을 싫어하기 때문에 순편익의 기댓값을 극대화하기보다는 기댓값과 분산이 반영된 효용을 극대화한다. 이렇게 위험이 고려된 효용을 극대화한다는 이론 중에서 대표적인 것이 순편익의 기대효용 극대화(expected utility

---

70 이것은 매우 중요한 의미를 갖는다. 우리가 최적의 대안을 선택하기 위해서는 하나의 사업이 한 개의 값으로 표시되어야 하기 때문이다.

maximization)이다.

우리가 순편익의 확률분포와 효용함수를 알면 순편익의 기대효용은 다음과 같이 정의된다.

$$EU(NB) = p_1U(NB_1) + p_2U(NB_2) + \cdots + p_nU(NB_n) \qquad (5.3)$$

여기서 주의해야 할 것은 순편익의 기대효용과 기대순편익의 효용은 구별되어야 한다는 사실이다. 순편익의 기댓값은 확실한 순편익이고 사람들은 불확실한 것에 비해 확실한 것을 선호하기 때문에 기대순편익의 효용은 순편익의 기대효용보다 크다.[71]

기대순편익의 효용과 순편익의 기대효용의 관계를 다음 〈그림 5-3〉을 통해 살펴보자.

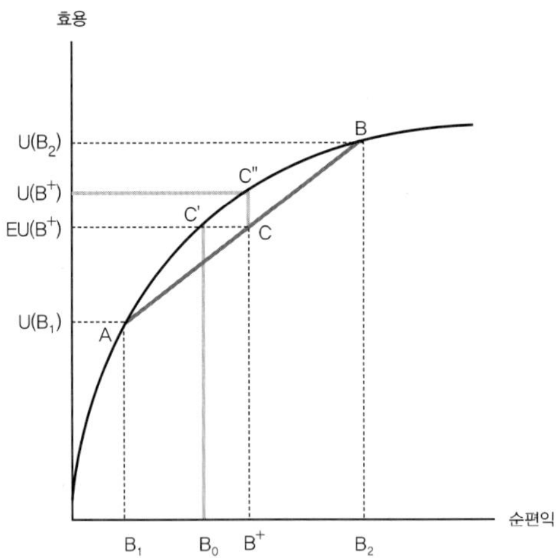

〈그림 5-3〉 위험기피자의 효용함수

71 위험중립자에 있어서는 양자가 같다.

수평축에 특정 사업의 순편익을, 수직축에 순편익으로부터 얻는 효용을 나타내면 위험을 기피하는 사람의 효용 함수는 원점에 대해 오목하면서 우상향하는 형태를 띠게 된다. 왜 이러한 형태가 나타나며 그 의미는 무엇인가? 그림에서 사업 A의 순편익은 B_1, 효용은 $U(B_1)$, 사업 B의 순편익은 B_2, 효용은 $U(B_2)$이다. A와 B를 직선으로 연결하면 직선 위의 임의의 점(사업) C는 A와 B의 선형 결합(linear combination)이다. 따라서 다음과 같은 관계가 성립한다.

$$C = a_1U(A) + a_2U(B),\ \ a_1 + a_2 = 1 \rightarrow C = a_1U(A) + (1 - a_1)U(B) \qquad (5.4)$$

여기서 가중치로 사용된 a_1과 a_2가 사업 A와 사업 B가 시행될 확률을 나타낸다면 식 (5.4)는 식 (5.5)로 전환되며 이는 사업 C의 순편익의 기대효용이다.

$$C = p_1U(A) + (1 - p_1)U(B) \qquad (5.5)$$

또한, A, B, C로부터 수직선을 그어 수평축과 만나는 점을 각각 B_1, B_2, B^*라고 하면 다음과 같은 관계가 성립한다.

$$B^* = p_1B_1 + (1 - p_1)B_2 \qquad (5.6)$$

우리가 P_1을 알면 B^*는 확실한 순편익이 되며 위험기피자의 경우 확실한 순편익으로부터 얻는 효용은 기대효용보다 크다. 따라서 B^*로부터 얻는 효용은 C보다 크기 때문에 효용 함수는 C 위에 위치할 것이다. B_1과 B_2 사이에 존재하는 다른 사업들의 기대순편익의 효용도 A와 B를 잇는 직선보다 높다. 또한, 효용함수는 A와 B를 통과해야 한다. 효용함수가 이러한 조건들을 동시에 충족시키기 위해서는 원점에 대해 오목한 형태를 띨 수밖에 없다.[72]

이 그림에서 우리는 확실대등가치도 측정할 수 있다. C에서 수평선을 그어 효용함수와 만나는 점 C′를 찾은 후, C′에서 수직선을 그어 수평축과 만나는 점 B_0을 찾으면 이것이 사업 C의 확실대등가치이다. 그림에서 직선은 기대효용을, 곡선은 확실한 순편익으로부터 얻는 효용 즉, 기대순편익의 효용을 나타내기 때문에 위험을 고려한 비용편익분석을 수행하기 위해서는 B^*가 아닌 B_0을 순편익으로 간주해야 한다.[73]

3. 애로우-린드 정리

사람들의 위험에 대한 태도를 파악하는 것은 어려운 일이기 때문에 실제로는 위험에 대해 중립적인 소비자를 가정하고 비용편익분석을 수행한다. 그러나 위험에 대해 중립적인 소비자를 가정하는 것은 분석의 편의성 때문만은 아니며 '애로우-린드 정리(Arrow-Lind theorem)'라는 이론적 근거가 있다.[74]

---

72 순편익이 증가하면 효용은 증가하지만 순편익의 한계효용은 감소하기 때문에 효용의 증가폭은 감소한다. 이러한 이유로 효용함수는 우상향하면서 원점에 대해 오목하다. 위험을 기피하는 정도가 심할수록 효용함수의 굴곡은 커지고 확실대등가치는 작아진다. 효용함수의 굴곡이 크다는 것은 순편익이 증가함에 따라 순편익의 한계효용이 급격하게 감소한다는 것을 의미한다. 이 경우, 순편익의 증가로부터 얻는 효용은 작은 반면, 위험의 증가로 잃는 효용은 크기 때문에 '큰 순편익-큰 위험'에 비해 '작은 순편익-작은 위험'이 선호된다. 즉, 위험기피도가 크다고 할 수 있다.

73 이러한 이유로 B^*-B_0을 위험 할증(risk premium)이라고 한다. 불확실한 B^*와 확실한 B_0가 동일한 효용을 주기 때문에 B^*-B_0은 위험 감소에 대한 대가, 혹은 위험 증가에 따른 보상이라고 할 수 있다.

74 Arrow and Lind, "Uncertainty and the Evaluation of Public Investment Decisions", American Economic Review, 1970.

애로우와 린드에 의하면 정책 대상자 즉, 위험을 부담하는 사람이 많을수록 한 사람이 부담하는 위험의 크기는 작아진다. 그 이유는 위험이 분산(diversification)되기 때문이다. 대규모 공공사업에서와 같이 소비자가 무수히 많으면 위험이 거의 영(0)으로 수렴하기 때문에 위험에 대해 중립적인 소비자를 가정해도 무방하다는 것이 이들의 주장이다.

이들의 주장에 대해 다음과 같은 반론도 존재한다. 한 국가의 국민은 그 수가 수천만 명이지만 공공사업의 위험을 실제로 부담하는 집단은 세금을 납부하는 사람들이며 그 수는 유한하기 때문에 위험이 영(0)으로 수렴하지 않는다. 또한, 공공사업의 위험에는 재무적 위험(financial risk) 외에 비 재무적 위험도 존재하는데 비(非)재무적 위험은 납세자들 사이에서 분산되지 않는다.

예를 들어, 방사능 누출, 소음, 공해, 혼잡 등으로부터 고통을 받는 사람의 수는 납세자에 비해 매우 적기 때문에 위험이 영(0)으로 수렴하지 않는다. 피셔(Fisher) 역시 위험이 일종의 공공재(public good)이면 즉, 모든 국민이 동일한 위험을 부담해야 한다면 위험은 분산되지 않으며 애로우 - 린드 정리는 사적 재화(private good)의 경우에만 성립한다고 주장하였다.

2절 / 불확실성

불확실성이 존재하는 경우 우리는 미래에 발생할 수 있는 사건이 무엇인지는 알지만 개별 사건이 발생할 가능성 즉, '확률'은 알지 못한다. 예를 들어, [표 5-4]에서 개별 정책으로부터 발생하는 순편익은 경제성장률에 따라 다르며 예상되는 경제성장률은 1%, 2%, 3%, 4%인데 각각의 경제성장률이 실현될 확률은 알지 못한다. 이 표에서 알 수 있듯이 하나의 정책으로부터 예상되는 순편익은 넷이기 때문에 정책 간 우월을 쉽게 판단할 수 없다. 향후 경제성장률이 1%이면 최적의 사업은 D이지만 경제성장률이 3%일 경우에는 사업 A가 최적이다.

이 사례에서 최적의 사업을 선택하기 위해서는 하나의 사업에 하나의 순편익을 대응시키는 일종의 규칙(rule)이 필요하다. 불확실성이 존재하는 상황에서는 어떠한 규칙을 적용하느냐에 따라 선택되는 사업이 달라진다. 어떠한 규칙을 사용하느냐는 그 자체가 위험에 대한 태도 내지는 미래에 대한 비관성(pessimism)의 정도를 나타낸다. 이러한 주관성 내지 자의성은 객관적인 확률을 알 수 없는 상황에서는 불가피하다.

[표 5-4] 경제성장률에 따른 순편익의 변화

	경제성장률			
	1%	2%	3%	4%
사업 A	0원	3원	7원	16원
사업 B	4원	4원	4원	5원
사업 C	0원	0원	3원	3원
사업 D	6원	10원	5원	3원

1. 최대-극대화(Maxi-Max) 규칙

사업별로 발생 가능한 순편익 중 가장 큰 것을 고른 후(최대 순편익), 최대 순편익이 가장 큰 사업을 선택하는 방법이다. 개별 사업의 순편익의 최댓값을 비교한다는 점에서 이 규칙은 미래에 대한 낙관적인(optimistic) 기대를 가정한다고 할 수 있다. 이 규칙에 따르면 사업 A의 최대 순편익이 16원으로 가장 크기 때문에 최적이다.

[표 5-5] 사업별 순편익의 최댓값

	사업 A	사업 B	사업 C	사업 D
최대 순편익	16원	5원	3원	10원

2. 최소-극대화(Maxi-Min) 규칙

사업별로 발생 가능한 순편익 중 가장 작은 것을 고른 후(최소 순편익) 최소 순편익이 가장 큰 사업을 선택하는 방법이다. 이 규칙은 개별 사업의 순편익의 최솟값을 비교한다는 점에서 미래에 대한 보수적 혹은 비관적인 기대를 가정한다고 할 수 있다. 이 규칙에 따르면 사업 B가 선택된다.

[표 5-6] 사업별 순편익의 최솟값

	사업 A	사업 B	사업 C	사업 D
최소 순편익	0원	4원	0원	3원

3. 비관 지수(Index of Pessimism)[75]

사업별로 순편익의 최댓값과 최솟값을 고른 후에 적절한 가중치를 적용해서 합산하고(비관 지수), 비관 지수가 가장 큰 사업을 선택하는 방법이다. 여기에서 사용되는 가중치는 객관적인 확률이 아닌 일종의 주관적(subjective) 확률이다. 가중치를 어떻게 설정할 것인가가 문제가 되는데 가중치를 객관적으로 측정할 수 있다면 불확실성이 아닌 위험이 존재하는 상황이다. 또한,

75 순편익의 극댓값과 극소값이 모두 반영되기 때문에 1과 2를 혼합한 규칙이라고 할 수 있다.

가중치의 객관성이 보장되지 않기 때문에 이 규칙이 앞의 두 규칙에 비해 더 나은 방법이라고는 할 수 없다.

예를 들어, 순편익의 최솟값에 대한 가중치로 0.9를 적용하면 비관 지수는 다음과 같이 계산되며 그 결과 사업 B가 선택된다.[76]

[표 5-7] 비관 지수

	사업 A	사업 B	사업 C	사업 D
최대 순편익	16원	5원	3원	10원
최소 순편익	0원	4원	0원	3원
비관 지수	1.6원[77]	4.1원	0.3원	3.7원

4. 라플라스(Laplace) 규칙

장래에 특정 상황이 발생할 확률을 모르는 경우 가장 합리적인 기대는 무엇인가? 우리의 사례에서 장래 경제성장률은 네 경우 중 하나가 되는데 라플라스는 각각의 경제성장률이 실현될 가능성을 25%로 가정하는 것이 최선이라고 하였다. 라플라스 규칙을 따를 경우 사업별로 순편익의 기댓값을 계산할 수 있으며 사업 A의 기대순편익이 6.50원으로 가장 크기 때문에 최적이다.

[표 5-8] 라플라스 규칙에 따른 기대순편익

	사업 A	사업 B	사업 C	사업 D
기대순편익	6.50원[78]	4.25원	1.50원	6.00원

76 순편익의 최솟값에 대한 가중치는 위험에 대한 태도 즉, 비관적 성향을 나타낸다.

77 $(0.1 \times 16) + (0.9 \times 0)$

5. 최대후회-극소화(Mini-Max Regret) 규칙

최적의 사업을 선택하지 않아서 발생하는 순편익의 손실(후회)을 계산한 후 사업 간에 후회의 최댓값(max regret)을 비교해서 후회의 최댓값이 가장 작은 사업을 선택하는 방법이다. 우리의 사례에서 경제성장률에 따른 사업별 후회의 크기를 나타내는 후회 행렬(regret matrix)은 [표 5-9]와 같다.

[표 5-9] 후회 행렬

	경제성장률			
	1%	2%	3%	4%
사업 A	6원	7원	0원	0원
사업 B	2원	6원	3원	11원
사업 C	6원	10원	4원	13원
사업 D	0원	0원	2원	13원

경제성장률이 1%일 경우 사업 A를 선택하면 순편익이 0원이지만 사업 D를 선택하면 순편익은 6원이다. 따라서 경제성장률이 1%일 때 사업 A를 선택함으로써 발생하는 후회는 6원이다. 마찬가지로, 경제성장률이 3%일 때 사업 B를 선택하면 순편익이 7원인 사업 A가 포기되기 때문에 후회가 3원만큼 발생한다. 후회 행렬이 만들어지면 사업별로 후회의 최댓값을 알 수 있는데 사업 A가 7원으로 가장 작기 때문에 최적이다.

[표 5-10] 사업별 최대 후회

	사업 A	사업 B	사업 C	사업 D
최대 후회	7원	11원	13원	13원

---

78 (0.25 × 0) + (0.25 × 3) + (0.25 × 7) + (0.25 × 16)

3절 / 정보의 가치

우리가 미래에 발생하는 다양한 상황과 그 발생 가능성을 안다 하더라도 선택된 사업으로부터 발생하는 순편익은 실제로 어떤 상황이 발생하느냐에 따라 달라진다. 순편익의 기댓값이 크다는 것은 다양한 상황이 발생할 가능성을 종합적으로 고려했을 때 평균적으로 순편익이 클 것으로 예상된다는 것이지 어떠한 상황이 발생하더라도 순편익이 항상 크다는 것을 의미하지 않는다.

미래에 어떤 일이 발생하는지를 정확하게 안다면 그 상황에서의 최적 대안을 선택할 수 있기 때문에 위험이 존재하는 상황에 비해 더 큰 순편익을 얻을 수 있다. 이렇게 위험을 제거하는 데 사용되는 지식을 정보(information)라고 하는데 정보의 가치는 확실성 하에서의 순편익과 위험이 존재하는 상황에서의 순편익의 차이로 정의된다.

의사결정이 두 기간에 걸쳐 이루어지는 경우 이번 기에 얻을 수 없는 정보를 다음 기에 얻을 수 있다면 의사결정을 다음 기로 미루는 것이 유리하다. 의사결정을 연기함으로써 추가적인 정보를 얻을 수 있다면 현재 시점에서 정보의 가치를 측정할 수 있는데 이를 준-옵션의 가치(quasi-option value)라고 하며 옵션의 가치(option value)와 구별된다. 옵션에 있어서는 시간이 지나도 정확한 예측이 불가능한 반면, 준-옵션의 경우에는 다음 기에 정보를 통한 정확한 예측을 할 수 있다.

끝으로, 현재 시점에서 얻을 수 없는 정보를 미래에 획득하는 것을 학습(learning)이라고 한다. 학습에는 두 가지 종류가 있는데 이번 기의 의사결정이 정보의 획득에 영향을 미치지 않는 외생적 학습(exogenous learning)과 이번 기의 의사결정이 정보의 획득에 영향을 미치는 내생적 학습(endogenous learning)이 그것이다.

1. 준-옵션의 가치

준-옵션의 가치가 어떻게 결정되는지 다음과 같은 사례를 통해 살펴보자. 특정 지역의 개발과 관련해서 가능한 정책은 세 가지이다. 지역을 완전하게 개발하는 정책(F), 부분적으로 개발하는 정책(L), 그리고 개발하지 않는 정책이 그것이다. 현재 시점에서 완전하게 개발하면 다음 세대에는 추가적인 개발의 여지가 없다. 반면, 현재 시점에서 부분적으로 개발하면 다음 세대는 개발되지 않은 부분을 개발할 것인가, 개발하지 않을 것인가를 결정해야 한다. 마찬가지로 현재 시점에서 개발을 하지 않으면 다음 세대는 완전한 개발, 부분적 개발, 미개발 중 하나를 선택해야 한다.[79]

정책별 순편익은 다음 세대가 환경 보존에 어느 정도의 가치를 부여하느냐에 따라 달라진다. 미래 세대가 환경 보존을 중요하게 생각하지 않으면 개발의 순편익은 정(+)이 되지만(B_F, B_L), 이들이 환경 보존을 중요하게 생각한다면 순편익은 음(-)이 될 것이다($-C_F$, $-C_L$). 미래 세대가 환경 보존에 큰 가치를 부여하지 않을 확률이 p이면 세 가지 정책별 순편익의 기댓값은 [표 5-11]과 같이 계산된다.[80]

[표 5-11] 지역 개발의 기대순편익: 학습이 없는 경우

	순편익		기대순편익
	p	1 - p	
완전한 개발	B_F	$-C_F$	$pB_F-(1-p)C_F$
부분적 개발	B_L	$-C_L$	$pB_L-(1-p)C_L$
미개발	0	0	0

79 이 사례는 2기간 모형이라고 할 수 있다.

80 학습이 없으면 다음 기에 얻을 수 있는 정보가 없기 때문에 다음 기(미래)의 상황은 고려되지 않는다.

반면, 학습이 가능하면 즉, 다음 기에는 다음 세대의 환경 보존에 대한 평가를 정확하게 알 수 있다면 우리는 기간별로(현재와 미래) 최적의 대안을 찾아야 한다. 일반적으로 학습이 가능하면 그렇지 않은 경우에 비해 더 나은 선택을 할 수 있기 때문에 기대순편익이 더 크며 준-옵션의 가치는 학습이 가능한 경우와 가능하지 않은 경우의 기대순편익의 차이로 정의된다.

1) 외생적 학습이 가능한 경우

현재 시점에서 완전한 개발을 하면 다음 기에는 추가적인 개발을 할 수 없기 때문에 기대순편익은 학습이 없는 경우의 그것과 같고 ($pB_F - (1 - p)C_F$) 준-옵션의 가치는 영(0)이 된다. 현재 시점에서 부분적인 개발을 할 경우[81] 다음 기에 환경 보존의 가치가 작으면 나머지 부분을 개발하겠지만 환경 보존의 가치가 크면 개발하지 않을 것이다. 따라서, 다음 기의 기대순편익은 $p(B_F - B_L)$이 되며[82] 두 기의 기대순편익의 현재가치와 준-옵션의 가치는 아래와 같이 계산된다.

기대순편익:

$$[pB_L - (1 - p)C_L] + [p(B_F - B_L)/(1 + r)]$$
$$= p[B_L + ((B_F - B_L)/(1 + r))] - (1 - p)C_L \quad (5.7)^{83}$$

준-옵션의 가치:

$$p[B_L + ((B_F - B_L)/(1 + r))] - (1 - p)C_L - [pB_L - (1 - p)C_L]$$
$$= p(B_F - B_L)/(1 + r) \quad (5.8)^{84}$$

---

81 이번 기의 기대순편익은 $pB_L - (1 - p)C_L$이다.

82 $p(B_F - B_L) + (1 - P)0$

83 r은 할인율이다.

끝으로, 현재 시점에서 개발을 하지 않으면 이번 기의 기대순편익은 영(0)이며 다음 기에는 환경 보존의 가치가 작으면 완전한 개발을 하고 환경 보존의 가치가 크면 개발을 하지 않을 것이다.[85] 따라서 두 기간의 기대순편익의 현재가치와 준-옵션의 가치는 다음과 같이 계산된다.

기대순편익: $0 + [(pB_F + (1 - p)0)/(1 + r)] = pB_F/(1 + r)$ (5.9)

준-옵션의 가치: $pB_F/(1 + r) - 0 = pB_F/(1 + r)$ (5.10)

2) 내생적 학습이 가능한 경우

내생적 학습을 가정할 경우 현재 시점에서 개발을 하지 않으면 학습이 이루어지지 않기 때문에 다음 기에 정보를 얻을 수 없다. 따라서 다음 기에도 개발을 하지 않을 것이며 그 결과, 두 기의 기대순편익과 준-옵션의 가치는 모두 영(0)이 된다.

또한, 현재 시점에서 완전한 개발을 하면 다음 기에 정보를 얻더라도 개발을 할 수 없기 때문에 준-옵션의 가치는 역시 영(0)이 된다.[86] 끝으로, 현재 시점에서 부분적으로 개발을 하면 학습을 통해 정보를 얻을 수 있기 때문에 두 기의 기대순편익의 현재가치와 준-옵션의 가치는 외생적 학습의 그것과 같아진다. 외생적 학습을 가정하면 개발을 하지 않는 것이, 내생적 학습을 가정하면 부분적으로 개발하는 것이 현재 시점에서의 최적이다. 왜냐하면, 준-옵션의 가치가 가장 큰 대안이 현재 시점에서는 최적이기 때문이다.

---

84 식 (5.8)의 왼쪽 마지막 항은 학습이 없는 경우의 기대순편익이다.

85 다음 기에 환경의 가치가 작으면 부분적인 개발보다 완전한 개발이 선호된다.

86 다음 기에는 개발을 할 수 없기 때문에 두 기의 기대순편익은 $pB_F - (1 - p)C_F$이다.

[표 5-12] 준-옵션의 가치

현재 시점		외생적 학습	내생적 학습
완전한 개발	기대순편익	$pB_F - (1-p)C_F$	$pB_F - (1-p)C_F$
	준-옵션가치	0	0
부분적 개발	기대순편익	$p[B_L + ((B_F - B_L)/(1+r))] - (1-p)C_L$	$p[B_L + ((B_F - B_L)/(1+r))] - (1-p)C_L$
	준-옵션가치	$p(B_F - B_L)/(1+r)$	$p(B_F - B_L)/(1+r)$
미개발	기대순편익	$pB_F/(1+r)$	0
	준-옵션가치	$pB_F/(1+r)$	0

2. 옵션의 가치

순편익을 측정하는 일반적인 방법은 특정 사업의 영향을 받는 대상자들에게 그 사업에 대해 지불할 용의가 있는 금액을 물어보는 것이다(지불의사금액).

이때 응답자들은 향후 발생할 상황을 정확하게 알고 있는 상태에서 지불의사금액을 표시할 수도 있고, 정확하게는 알지 못하는 상태에서 지불의사금액을 밝힐 수도 있다. 전자를 '사후적' 지불의사금액, 후자를 '사전적' 지불의사금액이라고 하는데 사전적 지불의사금액을 다른 말로 옵션의 가치(option value)라고 한다.

위험이 존재하는 경우 일반적으로 사람들은 기대순편익이 아닌 기대효용을 극대화한다. 옵션의 가치를 계산하는 경우에도 사업 시행 전후의 기대순편익이 아닌 기대효용을 비교해야 한다. 다음과 같은 사례를 생각해 보자. 비가 적당히 내릴 확률은 50%이고 댐(dam)을 건설하는 경우와 그렇지 않은 경우의 순편익은 [표 5-13]과 같다.[87]

[표 5-13] 댐의 순편익

	미건설	건설
적당히 비가 오는 경우(50%)	100원	100원
가뭄인 경우(50%)	50원	110원

기대순편익은 댐을 건설하면 105원, 댐을 건설하지 않으면 75원이 되기 때문에 댐 건설로 인해 기대순편익은 30원 증가한다. 그렇다면 댐 건설에 대한 지불의사금액 즉, 옵션의 가치를 30원이라고 할 수 있는가? 그렇지 않다. 댐을 건설하면 순편익의 변동 폭이 50원에서 10원으로 감소하는데 이러한 효과가 기대순편익에는 반영되지 않기 때문이다.[88] 이 사례에서 감소된 위험의 가치를 고려하지 않으면 댐의 옵션가치는 저평가된다.

옵션의 가치를 정확하게 계산하기 위해서는 댐 건설을 전후로 주민들의 기대효용이 얼마나 변하는지를 측정해야 한다. 다음과 같은 형태의 효용함수를 가정하자.

$$U(NB) = \ln(NB) \qquad (5.11)$$ [89]

댐을 건설하지 않을 경우 주민들의 기대효용은 아래와 같이 계산된다.

$$0.5 \times U(100) + 0.5 \times U(50) = 0.5 \times \ln(100) + 0.5 \times \ln(50) = 4.26\text{원} \qquad (5.12)$$

87 가뭄이 들면 댐 건설로 인한 순편익은 커진다.

88 댐을 건설하지 않으면 순편익의 분산은 625원이지만 댐을 건설하면 25원이 된다.

89 ln은 자연 로그(natural logarithm)를 나타낸다.

또한, 댐 건설 전후의 기대효용과 옵션의 가치(P) 사이에는 식 (5.13)과 같은 관계가 성립하기 때문에 옵션의 가치는 34.2원이 된다.

$$0.5 \times \ln(100 - P) + 0.5 \times \ln(110 - P) = 4.26\text{원} \tag{5.13}$$

식 (5.13)에서 왼쪽 항과 오른쪽 항은 각각 댐 건설 시 기대효용과 댐을 건설하지 않을 경우의 기대효용을 나타내기 때문에 옵션의 가치는 위험 할증이라고 할 수 있다. 이 사례에서 옵션의 가치는 34.2원으로 기대순편익의 차이인 30원보다 크다. 이는 댐 건설로 위험이 감소하기 때문이다.

반면, 특정 사업으로 인해 위험이 증가하면 옵션의 가치는 기대순편익의 차이보다 작아진다. 아래와 같은 경우를 생각해 보자. 사업의 시행으로 기대순편익은 84원(180원 - 96원) 증가하지만 식 (5.11)의 효용함수를 가정할 경우 옵션의 가치는 71.1원이 된다.[90]

[표 5-14] 옵션의 가치: 위험이 증가하는 경우

	사업 미시행	사업 시행
상황 A(80%)	100원	200원
상황 B(20%)	80원	100원

90 $0.8 \times \ln(200 - P) + 0.2 \times \ln(100 - P) = 0.8 \times \ln(100) + 0.2 \times \ln(80)$

제6장 | 형평성

비용편익분석에서 분배적 가중치(distributional weights)를 사용하면 다양한 집단을 다르게 취급할 수 있다. 가중치를 특정 집단의 편익과 비용에 적용함으로써 그 집단의 상대적인 중요성을 고려할 수 있는데 특정 집단에 적용되는 가중치가 크다는 것은 비용편익분석에서 그 집단이 중요하게 취급된다는 것을 의미한다.

공공사업은 다양한 집단에 긍정적 혹은 부정적 영향을 미친다. 따라서 집단별로 어떤 가중치가 적용되느냐에 따라 사회 전체의 순편익의 크기가 달라지며 정책의 우선순위도 바뀔 수 있다. 특히, 정책의 효과가 이익집단에 따라 상반되게 나타나는 사업에 있어서는 가중치의 적용이 중요한 문제가 된다.

다음과 같은 사례를 생각해 보자. 정부가 사업 A, B 중 하나를 선택해야 한다. 두 사업으로부터 발생하는 순편익은 [표 6-1]과 같다.

[표 6-1] 집단별 가중치와 순편익의 크기

	집단별 순편익		사회적 순편익	
	집단 1	집단 2	사업 A	사업 B
사업 A	10원	50원	-	-
사업 B	20원	30원	-	-
가중치 1	0.50	0.50	30원	25원
가중치 2	0.75	0.25	20원	22.5원

만약, 집단 1과 집단 2에 동일한 가중치를 적용하면 사업 A의 순편익은 30원, 사업 B의 순편익은 25원이 되기 때문에 사업 A가 선택되어야 한다. 그러나 집단 1이 집단 2에 비해 더 중요하다면 집단 1에 대한 가중치는 집단 2에 비해 커야 한다. 예를 들어, 집단 1에 0.75, 집단 2에 0.25의 가중치를 적용하면 사업 B의 순편익은 사업 A보다 크다.

1절 / 전통주의 대 수정주의

공공사업으로 인해 A, B, C 세 집단은 각각 100원의 이득을 얻는 반면, 집단 D는 200원의 손실을 입는다면 전체적으로는 100원의 순편익이 발생하기 때문에 이 사업은 타당하다고 할 수 있다. 네 집단의 이득과 손실을 단순히 합산해서 사회적 순편익을 구하면 이는 결과적으로 네 집단의 이득과 손실에 동일한 가중치를 적용한 것이 된다.

다양한 집단의 이득과 손실에 동일한 가중치를 적용해서 사회적 순편익을 구하는 것은 전통적인(conventional) 비용편익분석에서 가중치를 적용하는 방식이다. 이 방식을 적용하는 데 있어서 문제가 되는 것은 다른 집단을 같게 취급하는 것이 타당한가이다. 이 사례에서 A, B, C는 소득이 높은 집단이고 D는 소득이 낮은 집단이면 이들을 같게 취급하는 것이 바람직한가라는 의문이 제기될 수 있다.[91] 이에 반해, 가난한 집단의 순편익에 상대적으로 큰 가중치를 적용해야 한다는 주장이 있는데 이를 수정주의(revisionism)라고 한다. 수정주의는 형평성을 중시하는 이론이라고 할 수 있다. 우리의

---

91 이러한 측면에서 가중치는 형평성 문제와 직결된다.

사례에서 집단 A, B, C의 이득에 각각 0.2의 가중치를, 집단 D의 손실에 0.4의 가중치를 적용하면 사회적 순편익은 -20원이 되어 이 사업은 타당성을 잃게 된다.[92] 가중치를 이렇게 적용할 경우 사업의 타당성이 인정되기 위해서는 A, B, C 세 집단 이득의 합이 집단 D의 손실의 두 배 이상이 되어야 한다.

수정주의에 의하면 부유한 집단이 이득을 얻고 가난한 집단이 손실을 입는 사업은 부유한 집단의 이득이 충분히 크지 않는 한 타당성이 인정되지 않는다. 반면, 부유한 집단이 손실을 입고 가난한 집단은 이득을 얻는 사업은 부유한 집단의 손실이 충분히 크지 않는 한 사업의 타당성이 인정된다. 수정주의를 따를 경우 가난한 집단에유리한 사업이 시행될 가능성이 높기 때문에 형평성이 제고된다고 할 수 있다.

그렇다면, 우리가 형평성을 비용편익분석에 반영해야 하는 이유는 무엇인가? 즉, 가능하면 가난한 집단에 유리한 사업을 시행해야 하는 이유는 무엇인가? 기본적으로 수정주의자들은 현실의 분배 상태가 최적이 아니라고 생각한다. 현실의 분배 상태는 공평하지 않으며 이러한 불공평을 해결하기 위해 정부는 부유한 집단이 손실을 입더라도 가난한 집단이 이득을 얻는 사업을 시행해야 한다는 것이다. 이러한 생각은 가난한 집단의 편익과 비용에 큰 가중치를 적용해야 한다는 주장으로 연결된다. 전통적인 비용편익분석에서와 같이 상이한 집단에 동일한 가중치를 부여하면 결과적으로 현실의 불공평함을 인정하게 된다는 것이 이들의 주장이다.

수정주의자들의 이러한 주장에 대해 전통주의자들은 다음과 같은 반론을 제기한다. 가난한 집단의 편익과 비용에 큰 가중치를 적용하지 않으면

---

92 (0.2 × 100원) + (0.2 × 100원) + (0.2 × 100원) - (0.4 × 200원) = - 20원

현실의 분배 상태를 인정하는 것이 된다는 수정주의자들의 지적이 옳다하더라도 형평성은 칼도-힉스 보상을 통해 제고될 수 있다. 앞의 예에서, 집단 A, B, C의 이득의 합이 300원이고 D의 손실이 200원이므로 정부가 집단 A, B, C로부터 200원 이상을 거두어서 집단 D에게 지급하면 된다는 것이다.[93]

또한, 가난한 집단의 편익과 비용에 큰 가중치를 적용한다고 해서 항상 형평성이 제고되는 것은 아니다. 앞의 예에서, 집단 D에 적용되는 가중치(a_D)가 나머지 세 집단에 적용되는 가중치($a_A = a_B = a_C$)의 1.5배 이상이 되지 않는 한 이 사업의 사회적 순편익은 영(0)보다 크기 때문에 시행되며 그 결과 분배 상황은 악화된다.[94]

전통주의자들의 이러한 반론에 대한 수정주의자들의 재반론도 있다. 먼저, 칼도-힉스 보상에서 가정하는 정부에 의한 재분배는 실현되기 어려운 정책이다. 특정 사업이 종료된 후 이득을 얻은 집단으로부터 손실을 입은 집단으로 소득을 이전하는 것은 엄청난 사회적 갈등을 초래한다. 따라서 사업을 시행하기 전 단계인 비용편익분석 과정에서 가중치의 적용을 통해 형평성을 제고하는 것이 더 나은 방법이라고 할 수 있다.

다음으로, 가난한 집단의 편익과 비용에 큰 가중치를 적용하는 것은 형평성만을 기준으로 특정 사업의 타당성을 평가하기 위해서가 아니라 효율성과 형평성이라는 두 개의 가치를 모두 고려하기 위해서라는 것이 이들의 주장이다. 가중치가 적절하게 설정되는 한 형평성을 떨어뜨리는 사업이 시행되더라

---

93 이를 재분배(redistribution)라고 한다.

94 사회적 순편익을 영(0)으로 만드는 가중치를 내부가중치(internal`weight)라고 하는데 내부수익률과 유사한 개념이다. 본문의 사례에서 내부가중치는 다음과 같이 계산된다.

$$a_A 100원 + a_B 100원 + a_C 100원 - (1 - a_A - a_B - a_C)200원$$
$$= 0 \rightarrow a_A 300원 - (1 - 3a_A)200원 = 0 \rightarrow a_A = a_B = a_C = 2/9,\ a_D = 3/9$$

도 수정주의와 상충하지 않는다.[95] 수정주의자들이 내부가중치의 적용만을 주장하지는 않는다는 것이다.[96]

2절 / 측정

전통주의를 따를 경우 모든 사회구성원의 이득과 손실을 단순히 합산하면 그것이 곧 사회적 순편익이 되기 때문에 가중치를 별도로 측정할 필요가 없다. 그러나 수정주의자들의 주장을 따를 경우에는 가중치를 측정하는 문제가 발생한다. 이론적 측면에서 가난한 사람에 대한 가중치가 부유한 사람에 대한 가중치보다 커야 하는 근거는 다음의 세 가지로 요약된다.

A. 소득이 증가함에 따라 소득의 한계효용은 감소한다.
B. 소득은 균등하게 분배되어야 한다.
C. 일인 일표(one person one vote)의 원칙

일반적으로 특정 재화의 소비가 늘면 한계효용(marginal utility)은 감소한다.[97] 마찬가지로, 소득이 증가함에 따라 증가한 소득으로부터 발생하는 한계효용도 감소한다. 따라서 부유한 사람이 소득 1원으로부터 얻는 한계효용은 가난한 사람의 그것에 비해 작기 때문에 비용편익분석에서 부유한 사람에 대한 가중치는 작아야 한다.[98]

---

95 적절한 가중치가 얼마인가라는 문제는 여전히 남는다.
96 롤스주의자들(Rawlsians)은 내부가중치의 적용을 주장할 것이다.
97 이를 한계효용체감의 법칙(the law of diminishing marginal utility)이라고 한다.
98 부유한 사람과 가난한 사람에 대한 가중치가 같으면 부유한 사람으로부터 가난한 사람에게 소득을 재분배함으로써 사회 전체의 후생이 증가할 수 있다. 따라서 이는 최적이 아니다.

또한, 한 사회의 소득이 균등하게 분배되면 그렇지 않은 경우에 비해 사회 전체의 후생이 크다. 균등한 소득 분배에 의해 후생이 증가하는 이유는 다양하다. 첫째, 소득 분배가 지나치게 불균등하면 사회적 혼란, 범죄, 폭동 등이 발생할 수 있다. 둘째, 인간이 생존하기 위해서는 일정 수준 이상의 소득이 필요하다. 셋째, 부유한 사람들 중 일부는 가난한 사람들의 형편이 나아지는 것으로부터 효용을 얻는다. 이를 이타주의(altruism)라고 한다.

끝으로, 지불의사금액을 바탕으로 특정 사업의 순편익을 측정할 경우 가난한 사람은 자신이 원하는 만큼 소비를 할 수 없기 때문에 결과적으로 가난한 사람의 편익이 제대로 반영되지 않는다.[99] 민주적인 의사결정의 원칙 중 하나가 한 사람이 한 표를 행사하는 일인 일표제인 것을 감안하면 비용편익분석에 민주성을 반영하기 위해서 영향력이 큰 집단(부유한 사람)의 가중치는 줄이고 영향력이 작은 집단(가난한 사람)의 가중치는 크게 해야 한다.[100]

1. 소득과 가중치

부유한 사람의 편익은 과다하게 반영되는 반면, 가난한 사람의 편익은 과소하게 반영된다면 이를 시정하는 가장 쉬운 방법은 부유한 사람에게는 작은 가중치를, 가난한 사람에게는 큰 가중치를 적용하는 것이다.

예를 들어, 집단 A의 평균소득(Y_A)이 전체 평균소득(Y^*)의 두 배이고 집단 B의 평균소득(Y_B)은 전체 평균 소득의 절반이면 집단 A에 대해서는 0.5(1/2)의 가중치를, 집단 B에 대해서는 2(1/0.5)의 가중치를 적용한다. 이를 수식으로 표현하면 다음과 같다.

---

99 가난한 사람의 지불의사금액에는 선호가 완전하게 반영되지는 않는다.

100 다양한 이익집단의 영향력을 정책결정자가 조정하는 것은 비민주적이라는 반론도 있다.

집단 i에 대한 가중치: Y^*/Y_i (6.1)

[표 6-2] 소득과 가중치

	집단 A	집단 B	집단 C	집단 D	사회 전체
평균 소득	200원	250원	100원	50원	150원
순편익(1)	100원	100원	100원	-100원	
가중치(2)	0.75	0.60	1.50	3.00	
(1) × (2)	75원	60원	150원	-300원	

[표 6-2]에서 사회 전체의 평균소득이 150원인 이유는 네 집단의 크기가 같다고 가정했기 때문이다.[101] 식 (6.1)을 통해 가중치를 계산하면 소득이 가장 큰 집단 B의 가중치는 0.6, 소득이 가장 작은 집단 D의 가중치는 3이 된다. 이러한 가중치를 적용해서 사회 전체의 순편익을 측정하면 -15원[102]이 되는데, 이는 네 집단의 순편익을 단순히 합산한 금액인 200원에 훨씬 못 미친다. 이러한 결과가 나타난 이유는 이 사업으로 손실을 입는 집단 D가 가장 가난한 집단인데 이들의 손실이 상대적으로 크게 반영되었기 때문이다.

2. 지불의사금액과 가중치

한계효용체감의 법칙이 성립하는 한 특정 사업으로부터 큰 효용(지불의사금액)을 얻는 집단의 한계효용은 작은 효용을 얻는 집단의 한계효용보다 작다. 따라서 소득이 아닌 한계효용의 상대적인 크기를 가중치로 사용할 수

101 (200원 + 250원 + 100원 + 50원)/4 = 150원

102 75원 + 60원 + 150원 - 300원

있는데 한계효용은 지불의사금액과 반비례하므로 지불의사금액의 상대적인 크기를 가중치로 사용할 수 있다.

$$\text{집단 i에 대한 가중치: } (WTP^*/WTP_i) = (Y^*/Y_i)b \quad (6.2)$$ [103]

식 (6.2)에서 WTP^*는 지불의사금액의 평균, WTP_i는 집단 i의 지불의사금액, b는 특정 사업을 통해 공급되는 재화에 대한 수요의 소득탄력성이다. 식 (6.2)는 특정 집단에 적용되는 가중치의 크기는 그 집단의 상대적인 소득의 크기(Y^*/Y_i)와 수요의 소득탄력성(b)에 의해 결정된다는 것을 의미한다. 가중치를 적용하는 데 있어서 수요의 소득탄력성이 고려되는 이유는 무엇인가?

수요의 소득탄력성은 소득이 1% 변할 때 특정 재화에 대한 수요가 몇 % 변하는지를 나타낸다. 예를 들어, 수요의 소득탄력성이 1.5라는 것은 소득이 1% 증가할 때 수요는 1.5% 증가함을 의미한다. 따라서 특정 집단의 평균소득이 전체 평균소득의 두 배이고 수요의 소득탄력성이 1.5이면 이 집단의 수요는 평균적인 소득 집단의 수요의 두 배가 아닌 세 배가 된다. 모든 집단의 수요의 소득탄력성이 1이 아닌 한 단순히 소득에 반비례하는 가중치(식 6.1)보다는 상대적인 소득의 크기와 수요의 소득탄력성이 반영된 가중치(식 6.2)가 적용되어야 한다.

[표 6-3]은 집단별 평균소득과 수요의 소득탄력성에 따라 가중치의 크기가 어떻게 변하는지를 보여 준다. 가장 큰 가중치가 적용되는 경우(1)는 특정 집단의 평균소득이 전체 평균보다 작고 수요의 소득탄력성이 1보다 클 때이다. 세 변수들 사이의 관계를 [표 6-4]를 통해 구체적으로 살펴보자. 설명의

---

103 수요의 소득탄력성(b)이 1이면 식 (6.2)는 식 (6.1)이 된다.

편의를 위해 전체 평균소득(Y^*)은 100원, 다섯 집단의 수요의 소득탄력성(e)은 같다고 가정하였다.

[표 6-3] 집단별 평균소득, 수요의 소득탄력성과 가중치

		수요의 소득탄력성	
		1보다 큼	1보다 작음
집단의 평균소득	전체 평균 이상	4	3
	전체 평균 이하	1	2

[표 6-4]에서 평균소득이 100원인 집단 C의 가중치는 수요의 소득탄력성과 무관하게 항상 1이다. 또한, 평균소득이 전체 평균소득보다 낮은 집단 A와 집단 B에 대한 가중치는 수요의 소득탄력성이 커짐에 따라 체증적으로 증가하는 반면, 상대적으로 부유한 집단 D와 집단 E에 대한 가중치는 수요의 소득탄력성에 반비례하는 것으로 나타났다.

[표 6-4] 수요의 소득탄력성과 가중치

	집단 A	집단 B	집단 C	집단 D	집단 E
평균소득 (a)	50원	75원	100원	125원	150원
Y^*/a (b)	2.00	1.33	1.00	0.80	0.66
가중치 (b^e)					
e = 0.50	1.414	1.153	1.000	0.894	0.816
e = 0.75	1.682	1.238	1.000	0.846	0.737
e = 1.00	2.000	1.330	1.000	0.800	0.666
e = 1.25	2.378	1.428	1.000	0.756	0.602
e = 1.50	2.828	1.534	1.000	0.715	0.543

끝으로, 식 (6.2)가 어떻게 도출되었는지를 알아보자. 정부사업을 통해 특정 재화(q)의 공급이 늘고 이로 인해 가격이 p_1에서 p_2로 하락하는 경우를 가정하자. 재화에 대한 수요는 가격과 소득의 함수이고 다음과 같은 형태를 가진다.[104]

$$q = kp^aY^b \tag{6.3}$$

집단 i가 얻는 효용 즉, 지불의사금액은 이 집단의 수요함수를 p_2에서 p_1까지 적분한 것이다.

$$WTP_i = \int_{P_2}^{P_1} (kp^a Y_i^b)dp = kY_i^b \int_{P_2}^{P_1} (p^a)dp \tag{6.4}$$

마찬가지로, 전체 평균소득 수준에서도 지불의사금액을 계산할 수 있다.

$$WTP^* = \int_{P_2}^{P_1} (kp^a Y^{*b})dp = kY^{*b} \int_{P_2}^{P_1} (p^a)dp \tag{6.5}$$

식 (6.5)를 식 (6.4)로 나누면 집단 i에 대한 가중치는 다음과 같이 정리된다.

$$(WTP^*/WTP_i) = [kY^{*b} \int_{P_2}^{P_1} (p^a)dp]/[kY_i^b \int_{P_2}^{P_1} (p^a)dp] = (Y^*/Y_i)^b \tag{6.6}$$

---

104 식 (6.3)은 콥-더글라스(Cobb-Douglas) 수요함수이다. 콥-더글라스 수요함수는 두 가지 중요한 특성을 가지고 있다. 첫째, 수요의 가격탄력성과 소득탄력성은 각각 가격과 소득에 관계없이 일정하다. 둘째, a는 가격탄력성, b는 소득탄력성을 나타낸다.

3. 효용과 가중치

정부사업의 목적이 주민들의 효용을 증가시키는 것이라면 앞에서와 같이 소득이나 지불의사금액과 같은 간접적인 지표보다는 한계효용(MU)의 상대적인 크기를 통해 가중치를 계산하는 것이 더 나은 방법이라고 할 수 있다.[105] 집단별 한계효용의 상대적인 크기는 아래와 같이 정의된다.

$$집단\ i에\ 대한\ 가중치: (MU^*/MU_i) = (Y^*/Y_i)^{e-1} \quad (6.7)$$

식 (6.7)에서 MU^*는 전체 평균소득에서 측정한 한계효용, MU_i는 집단 i의 한계효용, e는 효용의 소득탄력성이다. 즉, e는 소득이 1% 증가할 때 효용이 몇 % 증가하는지를 나타낸다. 식 (6.7)이 어떻게 도출되는지 자세하게 살펴보자.

소득과 효용의 관계를 나타내는 효용함수를 식 (6.8)과 같이 가정하면 b는 효용의 소득탄력성이 되기 때문에 식 (6.8)을 식 (6.9)로 바꿀 수 있다.[106]

$$U(Y) = aY^b \quad (6.8)$$

$$U(Y) = aY^e \quad (6.9)$$

따라서 집단 i의 소득의 한계효용과 전체 평균소득에서 측정한 한계효용의 비율은 식 (6.10)이 된다.

---

105 여기서의 한계효용은 소득으로부터 발생한다.

106 $e = (dU/dy)(y/u) = (bay^{b-1})(y^{1-b}/a) = b$

$$MU^*/MU_i = (aeY^{*e-1})/(aeY_i^{e-1}) = (Y^*/Y_i)^{e-1} \qquad (6.10)$$

4. 기타

실제로 측정한 수요의 소득탄력성(b)과 주관적인 수요의 소득탄력성(v)을 고려해서 가중치를 적용하는 방법도 있다. 여기서 주관적인 소득탄력성은 비용편익분석을 수행하는 사람이 생각하는 특정 집단의 중요도라고 할 수 있다.

$$\text{집단 i에 대한 가중치: } (Y^*/Y_i)^{b+v} \qquad (6.11)$$

이 밖에도 각 소득 집단에 적용되는 한계세율(marginal rate of taxation)을 가중치로 사용하자는 주장도 있다.[107] 누진세제(progressive tax system)하에서는 소득이 증가함에 따라 평균세율이 증가한다. 이는 소득이 증가함에 따라 한계세율이 증가하며 한계세율이 평균세율보다 높다는 것을 의미한다. 따라서 누진세제하에서는 결과적으로 소득이 많은 집단의 순편익에 작은 가중치가 적용된다고 할 수 있다.

3절 / 적용

2절에서 우리는 이론적인 측면에서 가중치를 어떻게 측정하느냐에 대해

---

107 소득이 1원 증가함에 따라 세금이 얼마나 증가하는지를 나타내는 것이 한계세율이며 세금을 소득으로 나눈 것이 평균세율이다.

논의하였다. 가중치를 측정하기 위해서는 수요나 효용의 소득탄력성을 측정해야 하는데, 이는 쉽지 않은 작업이다. 현실에서는 가중치에 대한 민감도 분석을 통해 사업의 우선순위를 정한다. 민감도 분석의 구체적인 절차는 다음과 같다.

[표 6-5] 가중치에 대한 민감도 분석

다양한 집단에 동일한 가중치를 적용해서 사업별 순편익을 계산 ⇩ 가난한 집단에 큰 가중치를 적용해서 사업별 순편익을 계산[108] ⇩ 위의 두 결과를 비교해서 순편익이 정(+)에서 부(-) 혹은, 부(-)에서 정(+)으로 바뀌는 사업을 찾음 ⇩ 세 번째 단계에서 찾은 사업들의 내부가중치를 계산 ⇩ 네 번째 단계에서 계산한 내부가중치를 바탕으로 사업의 우선순위를 결정

[표 6-6]과 같은 가상의 사업들을 대상으로 [표 6-5]의 절차를 적용해 보자. [표 6-6]에서 두 번째와 세 번째 열은 빈자와 부자의 순편익을 나타내는데 여기서는 빈자와 부자의 이해관계가 상충하는 경우를 가정하였다. 사회적 순편익은 빈자와 부자의 순편익을 합산하면 구할 수 있는데, 네 번째 열은 빈자와 부자의 순편익을 단순히 더한 것이고 다섯 번째 열은 빈자의 순편익에 두 배의 가중치를 적용해서 구한 사회적 순편익이다.

앞에서 설명한 바와 같이 빈자와 부자의 순편익을 단순히 합산하는 것은 효율성만을 기준으로 사업의 타당성을 평가하는 방법인 반면, 빈자의 편익에

108 가난한 집단에 적용하는 가중치의 최댓값은 1.5~2.0이다.

큰 가중치를 적용하는 방식은 효율성과 함께 형평성도 고려하는 것이다. [표 6-6]에서 6개 사업 중 5개가 칼도-힉스 보상 기준을 충족하는 것으로 나타났으나(A, B, C, D, E) 형평성을 평가 기준에 추가하면 두 개 사업의 사회적 순편익만이 정(+)으로 나타났다(D, E). 즉, 사업 A, B, C는 빈자에 대한 가중치가 커짐에 따라 평가 결과가 '타당함'에서 '타당하지 않음'으로 바뀌었다.

[표 6-6] 민감도 분석: 가중치와 순편익

	집단별 순편익		사회적 순편익		내부가중치
	빈자(a)	부자(b)	a+b	2a+b	|b/a|
사업 A	-150원	250원	100원	- 50원	1.66
사업 B	-200원	250원	50원	-150원	1.25
사업 C	-70원	75원	5원	-65원	1.07
사업 D	500원	-100원	400원	900원	
사업 E	-160원	400원	240원	80원	
사업 F	-80원	70원	-10원	-90원	

사업 A, B, C는 빈자의 가중치로 1을 적용하느냐 2를 적용하느냐에 따라 타당성 유무가 결정되기 때문에 추가적으로 내부가중치를 측정할 필요가 있다.[109] 이 사업들의 내부 가중치를 측정해야 하는 이유는 자명하다. 형평성을 고려하기 위해 적용한 2라는 가중치가 자의적이기 때문이다.

사업 A의 경우, 부자의 이득이 빈자의 손실의 1.66배이기 때문에 빈자의 손실에 1.66의 가중치를 적용하면 사회적 순편익은 영(0)이 된다. 마찬가지로, 사업 B로 인해 빈자는 200원의 손실을, 부자는 250원의 이득을 얻기 때문에

109 사업 D, E, F는 빈자의 가중치를 1로 하든 2로 하든 사회적 순편익의 부호가 바뀌지 않기 때문에 내부가중치를 측정할 실익이 없다.

빈자에 대한 가중치가 1.25이면 사회적 순편익은 영(0)이 된다.

특정 사업의 내부가중치가 크다는 것은 어떤 의미를 가지는가? 사업 A의 내부가중치가 1.66이라는 것은 이 사업을 시행하지 않기 위해서는 빈자의 순편익에 1.66의 가중치를 적용해야 함을 의미한다. 반면, 사업 C의 경우에는 빈자에 대해 약간의 가중치만 더 부여해도 이 사업을 시행하지 않을 수 있다. 즉, 사업 C는 형평성을 약간만 고려하더라도 타당성이 인정되지 않는다. 예를 들어 빈자의 순편익에 1.1의 가중치만 적용해도 사업 C의 사회적 순편익은 부(-)가 된다. 형평성을 극단적으로 고려하지 않는 한 사업 A의 타당성은 인정되지만 사업 C는 인정되지 않는다.

끝으로, 이론적인 측면에서 가중치의 상한(upper bound)은 얼마인가? 정부사업으로 어떤 집단은 이득을 얻고 다른 집단은 손실을 입는다면 정부사업을 통해 재분배가 이루어진다고 할 수 있다. 그러나 가장 단순하면서 직접적인 재분배 방법은 한 집단의 소득을 다른 집단으로 이전하는 것이다.[110] 학자들의 연구에 의하면 정부가 한 집단에 1원을 지급하기 위해서는 다른 집단으로부터 1.5~2.0원을 거두어야 한다.[111] 이러한 추정치를 받아들인다면 비용편익분석에서 우리가 적용할 수 있는 가중치는 1.5~2.0보다 클 수 없다.

특정 사업으로 가난한 집단은 이득을 얻고 부유한 집단은 손실을 입는 경우를 생각해 보자. 만약, 부유한 집단의 손실이 가난한 집단의 이득의 두 배가 넘는다면 구태여 이 사업을 통해 재분배를 할 필요가 없다.[112] 왜냐하면, 조세-보조금을 통해 재분배를 할 경우 부유한 집단이 1.5~2.0원의 세금을 납부하면 가난한 집단은 1원의 보조금을 얻을 수 있기 때문이다. 이 사업으로

110 조세-보조금(tax-subsidy) 정책이 대표적이다.

111 조세와 보조금의 차이를 자중 손실(deadweight loss)이라고 한다.

112 이러한 사업은 시행하지 말아야 한다는 것이다.

인해 발생한 부유한 사람의 손실 중 2원을 초과하는 부분은 사업의 비효율성을 나타낸다.

마찬가지로, 특정 사업으로 가난한 집단은 손실을 입고 부유한 집단은 이득을 얻는 경우, 부유한 집단의 이득이 가난한 집단의 손실의 두 배를 초과하면 이 사업은 시행되어야 한다. 부유한 집단의 이득 중 2원을 세금으로 거두면 가난한 집단에게 1원의 보조금을 지급할 수 있기 때문이다. 부유한 집단의 이득 중 2원을 초과하는 부분은 이 사업의 효율성을 나타낸다.

Understanding
the Cost-Benefit Analysis

제3부 고급이론

제7장 | 수요함수

특정 사업에 대한 비용편익분석은 정책 시행 전후의 사회적잉여의 변화를 측정하는 것이다. 사회적잉여는 소비자잉여와 생산자잉여의 합이기 때문에 특정 정책과 관련된 재화에 대한 수요함수와 공급함수를 파악하면 사회적잉여를 측정할 수 있다. 따라서 수요함수와 공급함수를 추정하는 것은 비용편익분석의 핵심적인 내용인데 일반적으로 수요함수만을 추정한다. 그 이유는 대체로 정부 사업으로 인한 생산자잉여의 변화는 크지 않기 때문이다. 이 장에서도 수요함수의 추정에 대해서만 논의한다.

시장이 경쟁적일 경우 우리가 현실에서 관찰하는 가격과 수요량은 수요곡선과 공급곡선이 만나는 점에서 형성된 것이다. 즉, 시장이 경쟁적이면 우리는 가격과 수요량을 관찰함으로써 수요함수를 추정할 수 있다. 이러한 이유로 가격에 수요량을 곱한 거래액을 특정 사업의 편익으로 간주하자는 주장이 제기되기도 한다. 그러나 거래액에는 소비자잉여가 포함되지 않기 때문에 거래액을 특정 사업의 편익이라고 할 수는 없다.[113] 편익을 측정하기 위해서는 소비자잉여를 파악해야 하며 이를 위해서는 수요함수를 추정하는 것이 필수적이다.

---

113 정부 사업을 통해 생산된 재화가 수출되는 경우에는 국내 소비자의 소비자잉여에 변화가 없으므로 거래액을 편익으로 간주할 수 있다.

이 장에서는 수요함수를 추정하는 세 가지 방법에 대해 논의한다. 1절과 2절에서는 시장에서 형성된 가격과 수요량을 바탕으로 수요함수를 추정하는 방법에 대해 설명한다. 1절에서는 직접적으로 수요함수를 추정하는 방법을, 2절에서는 간접적으로 수요함수를 추정하는 방법을 다룬다. 끝으로 3절에서는 설문 조사를 통해 수요함수를 추정하는 조건부가치추정법(contingent valuation method)에 대해 살펴본다.

1절 / 직접적인 추정

실제 자료를 이용해서 수요함수를 추정하는 방법은 이용 가능한 자료의 양에 따라 달라진다. 수요함수 상(위)의 한 점만을 아는 경우, 다시 말해서 (가격, 수요량)에 대한 관측치가 한 개일 경우에는 이 자료만으로 수요함수를 추정할 수는 없다. 다만, 수요함수의 기울기를 아는 경우에는 편익을 측정할 수 있다. (가격, 수요량)에 대한 관측치가 두 개일 경우에는 외삽법(extrapolation)을 통해 수요함수를 추정할 수 있다. 또한, 관측치의 수가 충분한 경우에는 회귀 분석(regression analysis)이라는 통계 기법을 사용해서 수요함수를 추정하는 것이 가능하다.

1. 관측치가 한 개인 경우

다음과 같은 경우를 가정하자. 시 정부가 쓰레기 1kg당 50원의 요금을 부과하려고 한다. 쓰레기 1kg을 수거하고 처리하기 위해서는 60원의 비용이 든다. 현재 이 도시에 거주하는 주민들은 무상으로 하루 평균 일인당

2.6kg의 쓰레기를 배출하고 있다. 이 사례에서 쓰레기 배출의 유료화에 따른 편익은 얼마이며 유료화로 인해 주민의 소비자잉여는 어느 정도 감소하는가?

우리가 가지고 있는 자료는 가격이 영(0)원일 때 쓰레기 배출량이 2.6kg이라는 것뿐이다. 수요함수 상의 한 점만을 파악하고 있는 것이다. 수요함수를 추정하기 위해서는 함수의 구체적인 형태를 가정해야 하는데 먼저 선형 수요함수를 가정해 보자.

$$q = b_0 + b_1p \tag{7.1}$$

식 (7.1)에서 q는 쓰레기 배출량(1인/1일 기준), b_0은 무상인 경우의 배출량, b_1은 수요함수의 기울기, p는 쓰레기 1kg당 부과되는 요금(단위는 100원)을 나타낸다. 일반적으로 수요함수의 기울기는 부(-)이기 때문에 b_1은 부(-)이다. 이 사례에서 b_0은 2.6이기 때문에 식 (7.1)은 아래와 같이 구체화된다.

$$q = 2.6 + b_1p \tag{7.2}$$

우리가 직접 b_1을 추정할 수는 없으나 선행 연구에 의해 b_1이 -0.4로 추정되었다면 수요함수는 식 (7.3)이 된다.

$$q = 2.6 - 0.4p \tag{7.3}$$

식 (7.3)에 의하면 쓰레기 배출에 대한 요금이 영(0)원에서 50원으로 증가할 경우 쓰레기 배출량은 2.6kg에서 2.4kg으로 감소한다.[114] 또한, 1kg의 쓰레기를 처리하는 데 60원의 비용이 소요되므로 사회적으로 최적인 쓰레기 배출량은 2.36kg이다.[115] 요금이 50원으로 인상되더라도 사회적 비용인 60원보다는 작기 때문에 쓰레기는 최적 수준보다 많이 배출된다. 쓰레기 1kg당 50원의 요금을 부과하는 정책이 사회적으로 최적은 아니다.

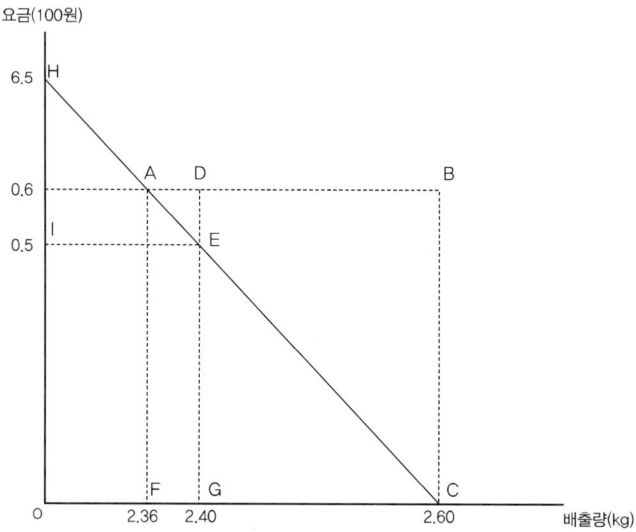

〈그림 7-1〉 쓰레기 배출 유료화의 편익[116]

쓰레기 배출이 무료인 경우 발생하는 사회적 비용은 아래와 같이 측정되는데 〈그림 7-1〉에서는 삼각형 ABC로 표시된다.[117]

---

114 요금이 50원이면 배출량 = 2.6 – (0.4 × 0.5) = 2.4kg이다.

115 비용에 해당하는 요금이 부과될 경우 배출량 = 2.6 – (0.4 × 0.6) = 2.36kg이 된다.

116 요금이 650원일 때 배출량이 영(0)이 되기 때문에 수요함수의 y절편은 6.5이다(2.6 – (0.4 × 6.5) = 0).

117 사회적으로 최적인 수준보다 쓰레기가 많이 배출되거나 적게 배출되면 사회적 비용이 발생한다.

$$ABC = ABCF - ACF = [(2.6 - 2.36) \times 60] - [0.5 \times (2.6 - 2.36) \times 60]$$
$$= 14.4 - 7.2 = 7.2\text{원} \qquad (7.4)$$

식 (7.4)에서 ABCF 즉, 14.4원은 2.6kg(무상일 경우 배출량)에서 2.36kg (요금이 60원일 경우 배출량)으로 줄어든 배출량에 1kg당 처리 비용인 60원을 곱한 것이다. 반면, ACF는 배출량이 0.24kg 감소함에 따라 줄어드는 주민의 효용을 나타낸다. 마찬가지로 쓰레기 1kg당 50원의 요금을 부과할 경우 발생하는 사회적 비용은 〈그림 7-1〉의 ADE가 되며 다음과 같이 측정된다.

$$ADE = ADGF - AEGF = 0.5 \times (2.4 - 2.36) \times (60 - 50) = 0.2\text{원} \qquad (7.5)$$

결국, 쓰레기 1kg당 50원의 요금을 부과하면 사회적 비용이 7.2원에서 0.2원으로 감소하기 때문에 이 정책의 편익은 7.0원이라고 할 수 있다. 이는 〈그림 7-1〉에서 DBCE로 표시된다.[118]

또한, 쓰레기 배출 유료화로 인한 소비자잉여의 감소는 식 (7.6)과 같이 측정되는데 이 중에서 120원은 시의 수입이 된다.[119] 왜냐하면, 주민들은 1kg당 50원의 요금으로 평균 2.4kg의 쓰레기를 배출하기 때문이다.

$$HCO - HEI = (0.5 \times 2.6 \times 650) - (0.5 \times 2.4 \times (650 - 50))$$
$$= 845\text{원} - 720\text{원} = 125\text{원} \qquad (7.6)$$

118 DBCE의 면적은 0.5 × (10 + 60) × (2.6 − 2.4) = 7원이다.

119 따라서 쓰레기 배출 유료화의 편익은 주민 일인당 2원(7원 − 5원)이라고 할 수 있다.

다음으로 선형 수요함수가 아닌 '가격탄력성이 일정한(constant elasticity)' 수요함수를 추정해 보자. 가격탄력성이 일정한 수요함수는 일반적으로 다음과 같이 정의된다.

$$q = b_0 p^{b1} \tag{7.7}$$

식 (7.7)의 양변에 자연 로그를 취하면 아래와 같이 선형화된다.

$$\ln(q) = \ln(b_0) + b_1 \ln(p) = b'_0 + b_1 \ln(p) \tag{7.8}$$

식 (7.8)은 식 (7.1)과 유사하지만 가격과 수요량에 자연 로그가 취해져 있다는 점에서 구별된다. 식 (7.8)의 중요한 특징은 b_1이 수요의 가격탄력성이라는 것인데 b_1은 모수이기 때문에 일정하다. 이러한 이유로 식 (7.7)을 가격탄력성이 일정한 수요함수라고 한다.[120] 일반적으로 가격이 오르면 수요는 감소하기 때문에 수요의 가격탄력성인 b_1은 부(−)가 되며 수요의 정의상 b_0은 정(+)이므로 식 (7.7)은 〈그림 7-2〉와 같은 형태를 가지게 된다.[121]

〈그림 7-2〉에서 A는 관측된 가격(p_0)과 수요량(q_0)이다. 만약, 우리가 선형 수요함수를 가정한다면 쓰레기 배출 가격이 p_1으로 상승함에 따라 배출량은 q_2까지 감소하나 가격탄력성이 일정한 수요함수를 가정하면 배출량은 q_1으로 줄어들며 소비자잉여의 감소분도 크기가 달라진다. 소비자잉여의 감소

---

120 이에 대해서는 부록에서 자세하게 설명한다.

121 가격탄력성이 일정한 수요함수는 수평축이나 수직축과 만나지 않기 때문에 가격이 영(0)인 경우의 배출량과 배출량이 영(0)이 되는 가격이 정의되지 않는다.

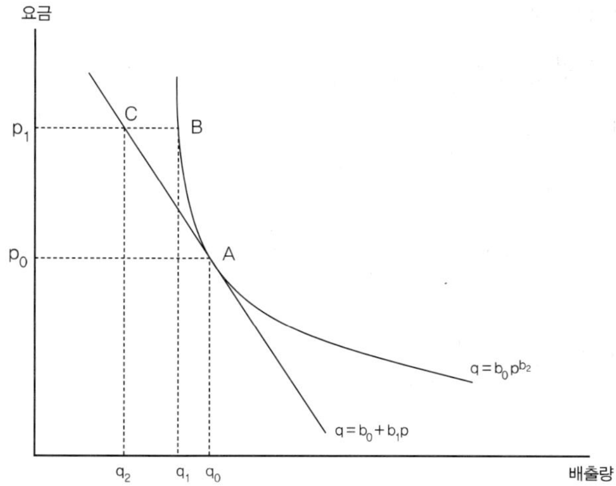

〈그림 7-2〉 가격탄력성이 일정한 수요함수와 선형 수요함수의 비교

분은 선형 수요함수를 가정할 경우 p_1CAp_0가 되지만 가격탄력성이 일정한 수요함수의 경우에는 p_1BAp_0가 된다. 따라서 CBA만큼의 차이가 발생한다.

2. 관측치가 두 개인 경우

과거에 시행되었던 정책의 효과를 바탕으로 앞으로 시행할 정책의 효과를 예측할 수 있는데 이를 외삽법이라고 한다. 예를 들어, 과거에 버스 요금을 100원 인상했을 때 승객이 1,000명 감소하였다면 장래에 버스 요금을 100원 인상할 경우 승객이 1,000명 감소할 것으로 예상하는 것이 무리는 아니다.

외삽법을 사용해서 특정 정책의 편익을 측정할 경우 수요함수를 어떻게 가정하느냐에 따라 편익의 크기가 달라지는데 외삽 기간이 길수록 함수 형태에 따른 편익의 차이가 커진다. 5년 전의 경험(관측치)을 바탕으로 미래를 예측하는 경우에는 선형 수요함수를 사용하든 가격탄력성이 일정한 수요함수를 사용하든 편익의 크기에 큰 차이가 없을 것이나 20년 전의 경험을 바탕으로 예측하는 경우에는 수요함수의 형태에 따라 편익의 크기가 크게 달라질 것이다.

다음과 같은 경우를 생각해 보자. 과거의 경험을 통해 쓰레기 배출 요금이 100원에서 250원으로 인상되면 배출량은 2.5kg에서 2.4kg으로 감소한다는 사실을 알고 있다면 결과적으로 우리는 수요함수 상의 두 점을 아는 것이 된다. 즉, (100원, 2.5kg)과 (250원, 2.4kg)이라는 두 개의 관측치를 얻게 된다. 이 경우 외삽법을 통해 수요함수를 추정할 수 있다.[122]

[표 7-1] 수요함수의 추정 1

요금	추정된 수요		관측된 수요
	$q = b_0 + b_1 p$	$q = a_0 p^{a1}$	
100원	$b_0 + b_1$	a_0	2.5
250원	$b_0 + 2.5^{b1}$	$a_0(2.5)^{a1}$	2.4

[표 7-1]은 (100원, 2.5kg)과 (250원, 2.4kg)을 사용해서 추정한 쓰레기 배출량과 실제 배출량을 나타낸다. [표 7-1]로부터 아래와 같은 두 개의 연립 방정식이 유도되는데 식 (7.9)를 풀면 선형 수요함수를, 식 (7.10)을 풀면 가격탄력성이 일정한 수요함수를 추정할 수 있다.

$$b_0 + b_1 = 2.5,\ \ b_0 + 2.5b_1 = 2.4 \tag{7.9}$$

$$q = 2.567 - 0.067p$$

122 수요함수의 종류에 관계없이 미지수는 b_0와 b_1, 두 개이고 관측치도 두 개이기 때문에 수요함수를 추정할 수 있다.

$$a_0 = 2.5,\ \ a_0(2.5)^{a1} = 2.4 \tag{7.10}$$

$$q = 2.5(p)^{-0.0445}$$

다음 [표 7-2]는 가격이 100원에서 1,900원까지 변함에 따라 쓰레기 배출량이 어떻게 변하는지를 보여 준다. 이 표는 위에서 추정한 선형 수요함수와 가격탄력성이 일정한 수요함수를 바탕으로 만들어진 것이다. 이 표에서 나타나는 가장 큰 특징은 요금이 작을 경우에는 배출량의 추정치가 크게 다르지는 않으나 요금이 커짐에 따라 양자의 차이가 확대된다는 것이다.

[표 7-2] 수요함수의 추정 2

요금 (원)	배출량(kg)		요금 (원)	배출량(kg)	
	$2.567-0.067p$	$2.5(p)^{-0.0445}$		$2.567-0.067p$	$2.5(p)^{-0.0445}$
100	2.50	2.50	1,000	1.90	2.26
200	2.43	2.42	1,100	1.83	2.25
250	2.40	2.40	1,200	1.76	2.24
300	2.37	2.38	1,300	1.70	2.23
400	2.30	2.35	1,400	1.63	2.22
500	2.23	2.33	1,500	1.56	2.22
600	2.17	2.31	1,600	1.50	2.21
700	2.10	2.29	1,700	1.43	2.20
800	2.03	2.28	1,800	1.36	2.20
900	1.96	2.27	1,900	1.29	2.19

끝으로 [표 7-2]를 일반화한 것이 〈그림 7-3〉이다. 이 그림에서 A와 B는 실제로 관측된 자료인 데 이러한 경향이 지속된다고 가정하면 수요함수는 A, B를 통과하는 직선이나 곡선이 된다. 우리의 사례에서는 직선을 가정하면 선형 수요함수가 되고 곡선을 가정하면 가격탄력성이 일정한 수요함수가 된

다. 어떤 수요함수를 가정하느냐에 따라 배출량에 대한 추정치가 달라지는데 예를 들어, 배출 요금이 300원일 때 배출량은 각각, 2.37kg(C)과 2.38kg(D)으로 추정된다.

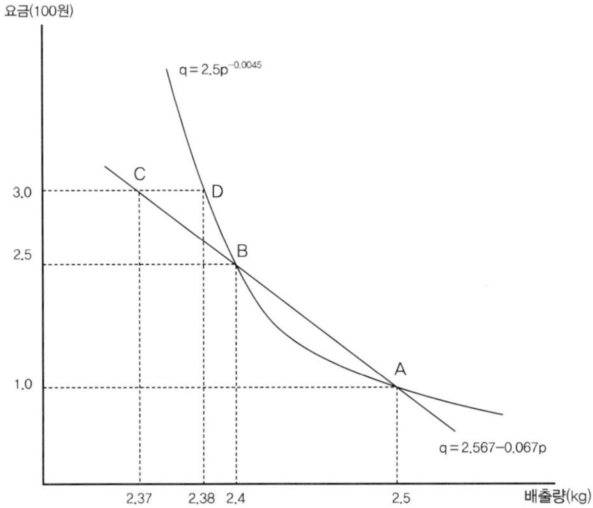

〈그림 7-3〉 외삽법을 통한 수요함수의 추정

3. 관측치가 충분한 경우

가격과 수요량에 대한 자료가 충분하면 회귀분석을 통해 수요함수를 추정할 수 있다. 이를 위해서는 종속변수(dependent variable)인 수요량을 결정하는 요인 즉, 독립변수(independent variable)를 특정해야 한다.[123] 독립변수가 특정되면 종속변수와 독립변수의 관계를 나타내는 수요함수의 형태를 가정

123 독립변수는 설명변수(explanatory variable)라고도 한다.

해야 하는데 선형 수요함수와 가격탄력성이 일정한 수요함수가 대표적인 예이다.

이론적으로 종속변수에 영향을 미치는 모든 독립변수가 모형에 포함되어야 하지만 현실에서는 그 중 일부만 고려된다. 그 이유는 첫째, 특정 변수에 대한 자료를 구하는 것이 힘들기 때문이며 둘째, 종속변수에 미치는 영향이 미미한 독립변수는 제외해도 추정 결과가 달라지지 않으며 셋째, 설명변수 간에 상관성(correlation)이 클 경우 이 중 일부는 모형에 포함시키지 않아야 하기 때문이다.

수요에 영향을 미치는 중요한 변수는 가격과 소득이다. 하지만 가격과 소득이 수요에 미치는 영향을 정확하게 측정하기 위해서는 이들 변수 외에 수요에 영향을 미치는 다른 변수를 모형에 포함시켜야 한다. 그러지 않을 경우 가격과 소득이 수요에 미치는 영향과 모형에 포함되지 않은 변수의 영향이 섞이게 된다.

예를 들어, 특정 재화에 대한 수요가 가격(p), 소득(I), 그리고 거주 지역(R)의 함수일 경우 함수의 형태를 선형으로 가정하면 수요함수는 식 (7.12)가 되고 가격탄력성이 일정하다고 가정하면 식 (7.13)이 된다. 가격, 소득, 그리고 거주 지역에 대한 자료가 충분하면 우리는 회귀분석을 통해 (b_0, b_1, b_2, b_3)나 (a_0, a_1, a_2, a_3)을 추정할 수 있다.

$$q = f(p,I,R) \tag{7.11}$$

$$q = b_0 + b_1p + b_2I + b_3R \tag{7.12}$$

$$\ln(q) = a_0 + a_1\ln(p) + a_2\ln(I) + a_3\ln(R) \tag{7.13}$$

부록 5

가격탄력성이 일정한 수요함수

수요함수가 식 (7.14)과 같을 때 수요의 가격탄력성(ε_{qp})이 일정하다는 것을 아래와 같이 증명할 수 있다.[124]

$$q = kp^{a}Y^{b} \quad (7.14)$$

$$\varepsilon_{qp} = (dq/dp)(p/q) = (kap^{a-1}Y^{b})(1/kp^{a-1}Y^{b}) = a \quad (7.15)$$

이에 반해, 선형 수요함수의 경우에는 가격탄력성을 수요함수 위의 어디에서 측정하느냐에 따라 그 값이 달라진다. 본문의 〈그림 7-2〉에서 가격탄력성이 일정한 수요함수를 원점에 대해 볼록하게 그린 이유는 수학적으로 식 (7.14)을 한번 미분한 것(수요함수의 접선의 기울기)은 부(-)이고 두 번 미분한 것(수요함수의 접선의 기울기의 변화율)은 정(+)이기 때문이다.[125]

$$dq/dp = kap^{a-1}Y^{b} < 0 \quad (7.16)$$

$$d^{2}q/dp^{2} = ka(a-1)p^{a-2}Y^{b} > 0 \quad (7.17)$$

124 식 (7.14)에서 b는 수요의 소득탄력성을 나타낸다.
125 $k < 0$이고 $0 < a < 1$일 때 성립한다.

2절 / 간접적인 추정

특정 재화에 대한 시장이 존재하고 시장 거래에 대한 자료를 가지고 있으면 수요함수를 추정할 수 있다. 그러나 어떤 재화는 시장에서 거래되지 않는다. 이러한 경우에는 직접적으로 수요함수를 추정하는 것이 불가능하다. 과거에는 이러한 재화로부터 발생하는 편익을 무형의(intangible) 편익으로 간주해서 분석의 대상에서 제외하였으나 그동안 여러 학자들에 의해 추정 방법이 개발되어서 현재는 무형의 편익도 비용편익분석에 포함된다.

어떤 재화가 시장에서 거래되지 않더라도 그 재화의 가치는 관련된 다른 재화의 가격에 반영된다. 따라서 우리는 관련된 재화의 가격과 수요량을 분석함으로써 시장에서 거래되지 않는 재화에 대한 수요함수를 간접적으로 추정할 수 있다. 또한, 잠재적인 소비자들에 대한 설문을 통해 그들의 지불의사금액을 파악하고 이를 바탕으로 수요함수를 추정할 수도 있다. 이러한 방법을 조건부가치추정법이라고 한다. 이론적으로는 전자가 후자보다 우월한 방법이다. 그 이유는 전자에 있어서는 실제 거래 자료를 통해 소비자들의 '선호'를 파악하는 반면 후자의 경우에는 소비자의 응답을 지불의사금액으로 간주하기 때문이다.

1. 유사 시장(Market Analogy)

정부가 공급하는 재화 중에는 민간 기업이 생산하는 것도 있다. 일반적으로 정부는 이러한 재화를 무상으로 혹은 시장가격보다 낮은 가격으로 공급하기 때문에 정부사업의 수혜자가 실제로 지불한 가격으로 편익을 측정하면 저평가될 수 있다. 이러한 재화의 가치는 유사한 재화의 시장가격으로 평가해야 한다.

다음과 같은 경우를 생각해 보자. 시 정부가 월세 20만 원의 조건으로 임대 아파트를 50가구 공급할 경우 시의 수입을 바탕으로 편익을 계산하면 월 1천만 원이다(50 × 20만 원). 그러나 임대시장에서 월세가 50만 원이라면 월 1천만 원은 저평가된 것이다. 물론, 정부사업의 편익을 시장가격으로 평가하기 위해서는 정부 사업의 수혜자들이 시장가격에 해당하는 대가를 지불할 수 있어야 한다. 이 사례에서 임대 아파트 사업의 대상이 되는 주민은 저소득자이기 때문에 이들이 낼 수 있는 월세는 50만 원보다 작을 것이다. 따라서 20만 원을 기준으로 편익을 측정하면 과소 추정이, 50만 원을 기준으로 측정하면 과대 추정이 문제가 된다.

다른 사례를 생각해 보자. 시 정부가 주민에게 무상으로 수영장을 제공할 경우 연간 이용자가 30만 명이면 주민의 편익은 얼마인가? 수영장이 무상으로 제공된다고 해서 편익을 영(0)이라고는 할 수 없다. 편익을 측정하기 위해서는 수영장에 대한 수요함수를 추정해야 한다.

같은 지역에 공영 수영장과 유사한 수영장이 있고 그 수영장의 입장료가 500원, 이용자 수가 연간 10만 명이라면 우리는 외삽법을 통해 공영 수영장에 대한 수요함수를 추정할 수 있다. 공영 수영장에 대한 수요함수는 (0원, 30만 명)과 (500원, 10만 명)을 통과한다고 할 수 있으므로 선형 수요함수를 가정할 경우 $q = -0.4p + 3$이 된다.

〈그림 7-4〉에서 공영 수영장의 편익은 두 가지 방법으로 측정할 수 있다. 첫째, 입장료가 무료이면 주민의 편익은 소비자잉여와 같아지는데 그 크기는 연간 1억1,250만 원이며 〈그림 7-4〉에서는 ABO로 표시된다.[126] 둘째, 입장료가 500원일 때 입장객 수는 연간 10만 명이므로 편익을 5천만 원이라고도 할 수 있다.

---

126 y절편은 750원, x절편은 30만 명이기 때문에 ABO의 면적은 0.5 × 750 × 30만 명이 된다.

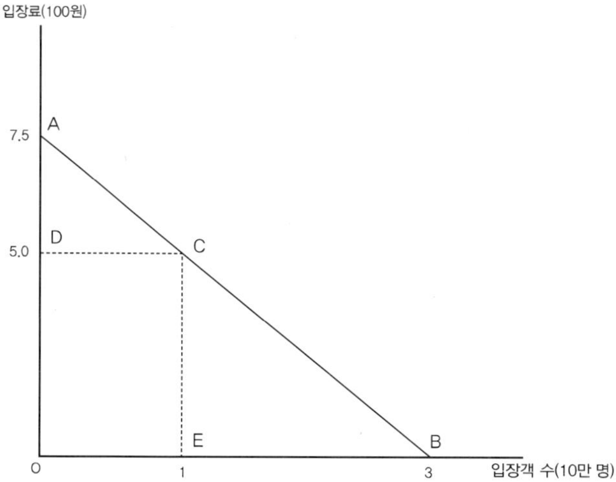

〈그림 7-4〉 공영 수영장의 편익

두 번째 방법을 사용하면 첫 번째 방법에 비해 편익이 작아지는데 그 이유는 주민들이 실제로 지불하는 금액만이 고려되고 소비자잉여가 누락되기 때문이다. 〈그림 7-4〉에 의하면 두 번째 방법을 적용할 경우 두 종류의 소비자 잉여가 제외된다. 하나는 500원의 입장료를 지불하고 수영장을 이용하는 주민들의 소비자 잉여이고(ACD) 다른 하나는 500원의 입장료로 인해 수영장을 이용하지 못하게 된 주민들의 소비자 잉여이다(CBE).

2. 상충(Trade-off) 관계

사람들은 자신의 시간을 노동과 여가(leisure)에 쓴다. 수면 시간을 하루 8시간으로 가정하면 사람들은 하루 16시간을 노동과 여가에 배분하기 때문에 노동 시간을 늘리면 여가 시간이 감소한다. 즉, 노동과 여가는 상충하는데 노동은 고통스럽기 때문에 여가 시간을 줄이고 노동 시간을 늘리면 금전적인 보상을 받는다. 이러한 이유로 노동에 대한 대가인 임금은 여가의 가치가 된다.

시간은 시장에서 거래되지 않지만 우리는 노동시장에서 결정되는 임금을 통해 시간의 가치를 간접적으로 측정할 수 있다. 또한, 정부사업으로 사람들의 이동 시간이 단축되면 이 사업의 편익 역시 임금을 기준으로 측정할 수 있다.[127] 다만, 시간의 가치로서 임금을 사용할 경우 다음과 같은 문제가 발생할 수 있다.

첫째, 사람들이 이동하거나 기다리는 시간을 모두 낭비라고는 할 수 없다. 사람들이 자동차나 비행기로 이동하면서 혹은 자기 차례를 기다리면서도 일을 한다면 비노동 시간은 비생산적인 활동에 투입되는 시간, 노동 시간은 생산적인 활동에 투입되는 시간으로 구분할 수 없다.

둘째, 시간의 가치는 시간이 무엇을 하는 데 쓰이느냐에 따라 달라진다. 자동차로 이동을 하면서 보내는 한 시간과 줄(line)을 서서 기다리는 한 시간의 가치는 같지 않다. 사람들은 자동차로 이동하면서는 약간이라도 즐거움을 느끼지만 기다리는 것은 싫어하기 때문이다. 시간의 가치는 다양하기 때문에 임금이라는 단일한 기준으로 측정할 수 없다.

셋째, 세금을 고려해야 한다. 사회 전체적으로는 세전 임금으로 시간의 가치를 측정해야겠지만 실제로 노동을 공급하는 개인들은 세후 임금을 시간의 가치로 생각한다. 또한, 노동조합, 최저 임금 등으로 인해 노동시장이 경직적이면 임금이 상승할 때는 노동 공급이 늘지만 임금이 하락할 경우에는 노동 공급이 줄지 않는다. 노동시장이 비경쟁적이면 노동 가격인 임금은 시간의 가치를 정확하게는 반영하지 못 한다.

한 사람의 가치를 그 사람이 사회에 기여한 정도라고 한다면 생명의 가치도 임금을 기준으로 측정할 수 있다. 어떤 사람의 나이가 45세이고 평균 수명

---

127 도로, 철도, 항만사업 등에 있어서는 이동 시간의 단축이 중요한 편익 항목 중 하나이다.

이 75세이면 이 사람의 잔여 수명 30년의 가치는 향후 30년간 받을 것으로 예상되는 임금의 현재가치이다. 이렇게 기대 임금을 바탕으로 생명의 가치를 측정하면 저소득자, 노인, 여성의 생명의 가치가 저평가되며 생명에 대한 주관적인 가치는 반영되지 않는다.

생명에 대한 주관적인 가치를 측정하는 방법에는 두 가지가 있다. 먼저, 위험과 관련된 사람들의 소비 행위를 관찰함으로써 생명의 가치를 측정할 수 있다. 사람들은 위험과 관련된 재화를 구입하는 과정에서 위험에 대한 주관적인 가치 즉, 생명에 대한 주관적인 가치를 드러낸다.

어떤 사람이 30만 원을 지불하고 에어백(airbag)을 구입하고 에어백으로 인해 생존 확률(p)이 0.01% 증가한다면 이 사람의 생명에 대한 주관적인 가치(V)는 아래와 같이 측정된다.

$$[(p + 0.0001) \times V] - 30\text{만 원} = p \times V \tag{7.18}$$

$$V = (30\text{만 원}/0.0001) = 3\text{억 원} \tag{7.19}$$

식 (7.18)의 왼쪽은 에어백을 구입할 경우의 생명의 기대가치이고 오른쪽은 에어백을 구입하지 않을 경우의 생명의 기대가치이다. 어떤 사람이 에어백을 구입한다는 것은 에어백 구입 시의 기대가치가 구입하지 않는 경우의 기대가치보다 작지 않음을 의미한다.

다음으로 노동 시장에서 결정되는 위험에 대한 할증(risk premium)을 통해 생명의 가치를 측정할 수도 있다. 특정 직업이 다른 직업에 비해 더 위험하면 이 직업에 종사하는 사람들의 임금은 평균 임금보다 높을 것이다. 위험에 대한 보상이 이루어지기 때문이다. 위험도가 높을수록 임금도 높기 때문에 사람들은 직업을 선택하는 과정에서 위험에 대한 주관적인 가치를 드러내게 된다.

건설 현장에서 어떤 사람이 수행하는 작업이 다른 작업에 비해 사망 확률은 0.1%, 임금은 연간 120만 원 더 높다면 이 사람의 생명에 대한 주관적인 가치는 다음과 같이 계산된다.

$$0.001 \times V = 120\text{만 원} \tag{7.20}$$

$$V = (120\text{만 원}/0.001) = 12\text{억 원} \tag{7.21}$$

3. 헤도닉 가격

정부사업으로 인해 토지, 주택, 주식과 같은 자산의 가치가 변할 수 있다. 이를 정부사업의 자본화(capitalization)라고 하며 자산가치의 변화를 정부사업의 편익으로 간주할 수 있다. 이 방법의 장점은 정부사업으로 발생하는 편익의 객관적가치(시장가치)를 측정할 수 있다는 것이다. 특정 지역에 공원이 건설되면 인근 지역의 주택에 대한 수요가 증가해서 주택 가격이 상승한다. 또한, 특정 지역의 전망이 좋아지면 이 지역으로 이사하려는 사람이 많아지기 때문에 주택 가격이 오른다. 정부사업 전후의 자산가치를 비교해서 편익을 측정하는 대표적인 방법이 헤도닉 가격(hedonic price)이다.

예를 들어, 주택은 다양한 특성으로 구성된 복합재(composite good)이기 때문에 주택을 소비한다는 것은 주택의 다양한 특성으로부터 효용을 얻음을 의미한다. 따라서 주택 가격은 다양한 주택 특성의 영향을 받는데 방의 개수, 주택 면적, 전망, 소음, 공해, 공원 등이 주택 가격에 영향을 미친다. 다른 조건이 동일하면 전망이 좋은 주택이 그렇지 않은 주택에 비해 가격이 높은데 이러한 가격 차이는 전망이라는 특성으로부터 유발된 것이기 때문에 전망의 헤도닉 가격이라고 할 수 있다.

주택 가격(p)이 전망(q_1), 중심부로부터의 거리(q_2), 건평(q_3), 그리고 학군(q_4)의 영향을 받고 주택가격의 주택 특성에 대한 탄력성이 일정하다면 헤도닉 가격 함수(hedonic price function)는 아래와 같이 정의된다.

$$p = f(q_1, q_2, q_3, q_4) \tag{7.22}$$

$$p = b_0(q_1)^{b1}(q_2)^{b2}(q_3)^{b3}(q_4)^{b4} \tag{7.23}$$

앞에서 설명했듯이, (b_1, b_2, b_3, b_4)는 주택 가격의 주택 특성에 대한 탄력성이 되며 주택 특성별 헤도닉 가격(HP_i)은 다음과 같이 측정된다.[128]

$$HP_i = b_i(p/q_i), \quad i = 1,2,3,4 \qquad (7.24)^{129}$$

식 (7.24)에서 알 수 있듯이 헤도닉 가격 함수가 선형이 아닌 한 주택 특성의 헤도닉 가격은 일정하지 않다. 또한, 주택 시장이 경쟁적이어서 다양한 종류의 주택이 공급되면 소비자들은 헤도닉 가격에 해당하는 비용을 지불해야 자신이 원하는 주택을 구매할 수 있기 때문에 식 (7.24)는 주택 특성에 대한 수요함수가 된다.

---

128 헤도닉 가격 함수가 선형이면 (b_1,b_2,b_3,b_4)는 헤도닉 가격이 된다.

129 헤도닉 가격은 주택 특성이 한 단위 변할 때 주택가격이 얼마나 변하는지를 나타내므로 i번째 특성의 헤도닉 가격은 식 (7.23)을 q_i로 미분한 것이다. 예를 들어, 전망(q_1)의 헤도닉 가격은 다음과 같이 측정된다.

$$(dp/dq_1) = b_0b_1(q_1)^{b1-1}(q_2)^{b2}(q_3)^{b3}(q_4)^{b4} = [b_1b_0(q_1)^{b1}(q_2)^{b2}(q_3)^{b3}(q_4)^{b4}]/q_1 = (b_1p)/q_1$$

4. 중간재

정부사업을 통해 공급되는 재화 중에는 그 자체가 소비되는 최종재가 아닌 다른 재화의 생산에 투입되는 중간재(intermediate good)도 있다. 정부가 댐을 건설해서 농업용수를 공급하면 이는 농사에 사용되는 생산요소이지 사람들이 마시는 소비재가 아니다.

소비재는 시장에서 거래되는 한 시장가격을 통해 가치를 측정할 수 있지만, 중간재의 가치는 그것이 투입됨으로써 최종재의 가치가 얼마나 증가하는지를 알아야 측정할 수 있다.

정부가 공급한 물을 사용해서 농민이 배추를 재배한다면 댐 건설의 편익 중 하나는 농업용수 공급에 의해 증가한 배추의 가치가 된다. 이는 정부가 공급한 농업용수를 사용한 농부와 사용하지 않은 농부의 배추 생산량 혹은 소득을 비교함으로써 측정할 수 있다.

이러한 방법은 교육, 직업훈련과 관련된 정부사업의 편익을 측정하는 데 주로 사용된다. 교육과 직업훈련은 인적 자본에 대한 투자 성격을 지니고 있으며 그 자체가 최종적인 재화나 서비스는 아니다. 따라서 이러한 사업의 편익을 측정하기 위해서는 교육이나 직업훈련을 받은 사람과 받지 않은 사람의 평균 소득을 비교해야 한다.

다만, 중간재는 정의상 생산요소로서의 가치만 인정될 뿐 소비에 의한 편익은 없는 것으로 간주되기 때문에 교육이나 직업훈련의 편익을 중간재 방법으로 측정하면 소비 측면에서의 편익이 무시될 수 있다. 학생들은 학교생활 자체로부터 어느 정도의 편익을 얻기 때문이다.

부록 6

헤도닉 가격의 추정

[표 7-3]은 주택의 다양한 특성과 주택 가격에 대한 실제 자료이다. 첫 번째 주택은 가격이 2만9,500달러, 건평은 3,472제곱피트, 방은 7개, 욕실은 1개, 창고는 1개, 건축한 지 42년이 지난 것이다. [표 7-3]을 사용해서 회귀분석을 하면 주택 특성별 헤도닉 가격을 추정할 수 있는데 식 (7.25)는 선형 헤도닉 가격 함수를 추정한 결과이고 식 (7.26)은 탄력성이 일정한 헤도닉 가격 함수를 추정한 것이다.

$$\text{주택 가격} = 12.70 + 0.86\text{건평} + 0.64\text{방 수} + 12.06\text{욕실 수} + 2.06\text{창고 수} - 0.11\text{건물 연수} \quad (7.25)$$

$$\text{주택 가격} = 3.09(\text{건평})^{0.24}(\text{방 수})^{0.06}(\text{욕실 수})^{0.38}(\text{창고 수})^{0.04}(\text{건물 연수})^{-0.04} \quad (7.26)$$

식 (7.25)에서 통계적으로 의미가 있는 변수는 건평, 욕실 수, 그리고 건물 연수이다. 주택 가격의 측정 단위가 1천 달러이므로 건평의 계수가 0.86이라는 것은 건평이 1천 제곱피트 증가할 때 주택 가격이 8백6십 달러 상승함을 의미한다. 또한, 욕실이 한 개 추가되면 주택 가격은 약 1만2천 달러 상승한다는 것을 알 수 있다.

식 (7.26)은 탄력성이 일정한 함수를 추정한 결과이기 때문에 추정된 계수는 탄력성이 된다. 예를 들어, 건평이 1% 넓어지면 주택 가격은 0.24% 상승하며 창고 수가 1% 많아지면 주택 가격은 0.04% 오른다고 할 수 있다.

[표 7-3] 주택의 특성과 주택 가격

주택 가격	건평	방 수	욕실 수	창고 수	건물 연수
25.9	3.472	7	1.0	1.0	42
29.5	3.531	7	1.0	2.0	62
27.9	2.275	6	1.0	1.0	40
25.9	4.050	6	1.0	1.0	54
29.9	4.455	6	1.0	1.0	42
29.9	4.455	6	1.0	1.0	56
30.9	5.850	7	1.0	1.0	51
28.9	9.520	6	1.0	0.0	32
35.9	6.435	6	1.0	2.0	32
31.5	4.988	6	1.0	1.0	30
31.0	5.520	5	1.0	1.0	30
30.9	6.666	6	1.0	2.0	32
30.0	5.000	5	1.0	0.0	46
36.9	5.150	8	1.5	2.0	50
41.9	6.902	7	1.5	1.5	22
40.5	7.102	6	1.5	1.0	17
43.9	7.800	7	1.0	1.5	23
37.9	5.520	6	1.0	2.0	40
37.9	5.000	6	1.5	1.0	22
44.5	9.890	8	1.5	2.0	50
37.9	6.727	6	1.5	1.0	44
38.9	9.150	8	1.5	2.0	48
36.9	8.000	7	1.0	2.0	3
45.8	7.326	8	1.5	1.0	31

출처: Regression Analysis By Examples, Chatterjee, Hadi, and Price.

부록 7

시간 상충법(Time Trade-off Method)

보건정책의 목표는 단순히 국민의 평균수명을 늘리는 것이 아니라 건강하게 오래 살게 하는 것이다. 이러한 정책 목표를 달성하기 위해 보건 분야에서는 건강 상태와 관련된 삶의 질(health related quality of life)을 나타내는 지표가 사용된다. 예를 들어, 건강하게 70년간 사는 것과 특정 질병을 안고 80년간 사는 것 중 어느 것이 더 바람직한가라는 질문에 대답하기 위해서는 건강상태와 수명을 반영한 하나의 지표가 필요하다.

어떠한 질병도 없는 건강한 상태를 1, 사망을 0으로 표시하면 특정 질병은 0과 1 사이의 숫자로 표시된다. 물론, 0에 가까울수록 심각한 질병이다. 그렇다면 특정 질병의 심각성을 어떻게 측정하는가? 가장 대표적인 방법이 시간 상충법이다. 예를 들어, 어떤 사람에게 (건강한 상태, 9년 생존)과 (목 디스크, 10년 생존)을 제시하였을 때 이 사람이 두 대안이 무차별하다고 응답한다면 목 디스크(X)는 0.9로 표시된다.[130] 왜냐하면 아래와 같은 식이 성립하기 때문이다.

$$1 \times 9\text{년} = X \times 10\text{년} \tag{7.27}$$

식 (7.27)을 일반화하면 H_1의 질병을 앓으면서 Y_1년 동안 사는 것과 H_2의 질병을 가지고 Y_2년간 생존하는 것이 무차별하면 H_1의 심각성은 다음과 같이 측정된다.

$$Y_1H_1 = Y_2H_2 \rightarrow H_1 = (Y_2/Y_1)H_2 \tag{7.28}$$

---

130 따라서 어떤 사람이 평생 목 디스크를 겪으면서 70년간 산다면 삶의 질이 반영된 이 사람의 수명은 63년이라고 할 수 있다(70년 × 0.9).

3절 / 조건부가치추정법

시장에서의 거래 자료를 사용해서 소비자의 선호를 파악하는 것은 설문 조사를 통한 분석에 비해 이론적인 측면에서 우월하다. 설문에 대한 응답자는 실제로 가격을 지불하지 않기 때문에 진정한 선호가 드러나지 않을 수 있다. 그럼에도 불구하고 아직 시장에서 거래가 되지 않거나 시장이 존재할 수 없는 재화에 대한 선호를 파악하기 위해서는 설문 조사를 사용할 수밖에 없다.

조건부가치추정법은 기본적으로 설문 조사를 통해 특정 재화나 서비스에 대한 지불의사금액을 측정하는 방법이다. 일반적으로 조건부가치추정법은 다음과 같은 절차에 따라 수행된다.

[표 7-4] 조건부가치추정법의 절차

설문 대상이 되는 표본(sample)의 추출
⇩
특정 재화의 소비에 관한 설문
⇩
지불의사금액에 관한 정보의 추출
⇩
모집단(population)의 지불의사금액의 추정

1. 개관

조건부가치추정법은 크게 두 종류로 구분되는데 하나는 설문 대상자 개개인에게 지불의사금액을 물어보는 방식이고 다른 하나는 다수의 설문 대상자의 응답으로부터 특정 재화를 구입할 확률을 계산해서 간접적으로 지불의사금액을 추정하는 것이다. 전자에는 개방형 지불의사금액(open-ended willingness to pay), 폐쇄형-반복 경매(closed-ended iterative bidding), 조건부 순위(contingent ranking) 방법 등이 포함된다. 후자는 경매시장에서 소비자들이 특정 재화를 살 것인지, 사지 않을 것인지를 결정하는 것과 유사하다고 해서 이분적 선택(dichotomous choice) 혹은 투표(referendum)라고 한다. 최근에는 주로 이분적 선택이 사용되기 때문에 여기서도 이분적 선택에 대해 자세하게 설명한다.[131]

1) 개방형 지불의사금액

설문 대상자가 특정 재화에 대해 최대한 얼마까지 지불할 용의가 있는지를 밝히는 방식이다. 따라서 응답자가 적어 내는 지불의사금액에 제한이 없다. 다만, 지나치게 비현실적인 지불의사금액은 분석의 대상에서 제외하는 것이 일반적이다. 이 방법의 가장 큰 문제점은 제시된 재화에 대해 응답자가 잘 모를 경우 자신이 얻을 수 있는 효용을 제대로 인식하지 못하기 때문에 지불의사금액의 신뢰성이 떨어진다는 것이다.

2) 폐쇄형-반복 경매

특정 가격이 설문 대상자에게 제시되고 설문 대상자는 그 금액을 지불하고 재화를 구입할 것인지를 결정하는 방식이다. 만약, 특정 가격에 대해 지불할 의사가 있다고 응답하면 약간 높은 가격이 다시 제시된다.

---

131 설문의 내용 중에는 특정 재화를 공급하는 데 드는 비용이 어떻게 조달되는지를 설명하는 부분이 있다. 이를 지불 방식(payment vehicle)이라고 하는데 지불 방식에 따라 응답자의 지불의사금액이 달라진다. 정부가 특정 재화를 공급할 경우 비용은 세금의 신설, 세율의 인상, 공공요금의 인상 등으로 조달되는데 이 중에서 어떤 것이 제시되느냐에 따라 응답자의 지불의사금액이 달라진다. 지불 방식에 의해 지불의사금액이 영향을 받는 것을 일종의 편의(bias)라고 주장하는 학자들도 있으나 지불 방식도 설문 내용의 한 부분이라는 주장도 있다.

이 금액에 대해서도 응답자가 긍정적으로 반응하면 더 높은 가격이 제시된다. 이때 응답자가 지불할 의사가 없다고 답하면 약간 낮은 가격이 다시 제시된다. 개별 응답자에 대해 이러한 과정을 반복적으로 적용하면 지불의사금액을 파악할 수 있다.

3) 조건부 순위

앞의 두 방법을 통해 지불의사금액의 크기를 측정할 수 있다면 이 방법을 통해서는 서수적(ordinal) 측면에서 응답자의 선호를 파악할 수 있다. 즉, 특정 재화의 양(quantity) 혹은 질(quality)과 가격의 조합들이 설문 대상자에게 제시되고 설문 대상자는 이것들에 대한 순위를 매긴다. 예를 들어, (최고 수준의 수돗물, 높은 요금), (보통 수준의 수돗물, 중간 수준의 요금), (낮은 수준의 수돗물, 낮은 요금)이 제시되고 응답자는 세 가지 대안들에 대한 자신의 선호 순위를 밝히는 방식이다.

4) 이분적 선택

이 방법에서는 다수의 응답자가 가상적인 경매에 참여하게 된다. 낮은 가격에서 높은 가격 혹은 높은 가격에서 낮은 가격 순으로 가격이 제시되는데 응답자 개개인은 주어진 가격에서 특정 재화를 구입할 것인지, 구입하지 않을 것인지를 밝히게 된다. 이 방법은 경매와 유사하며 응답자는 주어진 가격하에서 '예' 혹은 '아니오'라는 이분적 선택을 한다. 또한, 응답자들은 주어진 가격을 받아들일 것인지, 거부할 것인지를 결정해야 하기 때문에 일종의 투표를 한다고 할 수 있다.

예를 들어, 50원의 가격하에서 100명의 응답자 중 53명이 특정 재화를 구입하겠다고 응답하고 나머지 47명은 구입할 의사가 없다고 한다면 가격이

50원일 때 이 재화가 구매될 확률은 53퍼센트이다. 다시 말해서, 가격이 50원일 때 대표적인 소비자(representative consumer)가 이 재화를 구입할 확률은 53퍼센트가 된다. 물론, 표본의 크기가 충분히 클 경우에만 대표적인 소비자라는 개념을 사용할 수 있다.

이상의 논의를 [표 7-5], 〈그림 7-5〉, 그리고 〈그림 7-6〉을 통해 자세하게 살펴보자. [표 7-5]는 100명의 잠재적인 소비자가 가상의 경매에 참여한 결과를 나타낸다. 가격은 5원에서 시작해서 100원까지 5원 간격으로 총 20번 제시된다. [표 7-5]에 따르면 가격이 5원일 때 100명 모두가 구매할 의사가 있다고 응답하나 가격이 상승함에 따라 '예'라고 답한 응답자의 비율이 감소해서 가격이 100원이면 100명 모두가 구매하지 않겠다고 대답하였다.

[표 7-5]를 그림으로 나타내면 〈그림 7-5〉와 〈그림 7-6〉이 된다. 〈그림 7-5〉는 막대그래프이고 〈그림 7-6〉은 직선 그래프인데 형태가 수요함수와 비슷하다. 일반적으로 수요함수는 y축이 수요량을 나타내는데 〈그림 7-6〉에서는 수요자의 비율이 y축에 표시된다. 우리가 잠재적인 소비자의 수 즉, 모집단의 크기를 알면 〈그림 7-6〉은 수요함수가 된다. 가격이 70원일 때 수요자의 비율은 0.16인데 만약, 모집단이 10,000명이면 수요는 1,600명이라고 할 수 있다.

비용편익분석에서 수요함수를 추정하는 이유는 지불의사금액을 측정하기 위해서이다. 〈그림 7-5〉로부터 우리는 지불의사금액을 쉽게 측정할 수 있다. 가격이 5원에서 100원까지 총 20번 제시되므로 〈그림 7-5〉에서 20개의 막대(직사각형)가 나타나는데 이것들의 면적을 모두 합한 것이 지불의사금액이다. 막대의 밑변은 5원으로 동일하므로 20개 막대의 면적의 합은 [표 7-5]에서와 같이 48.35원이 된다.

[표 7-5] 이분적 선택 방법을 통한 지불의사금액의 추정

가격(원)	'예' 응답자 수	'아니오' 응답자 수	'예' 응답자 비율
5	100	0	1.00
10	99	1	0.99
15	97	3	0.97
20	94	6	0.94
25	90	10	0.90
30	85	15	0.85
35	79	21	0.79
40	72	28	0.72
45	63	37	0.63
50	53	47	0.53
55	42	58	0.42
60	32	68	0.32
65	23	77	0.23
70	16	84	0.16
75	10	90	0.10
80	6	94	0.06
85	3	97	0.03
90	2	98	0.02
95	1	99	0.01
100	0	100	0.00
합 계	-	-	9.67
지불의사금액			48.35원[132]

주. 이 표는 100명의 응답자를 가정하고 작성한 것임.

132 "예"라고 말한 응답자의 비율의 합인 9.67에 가격의 폭인 5원을 곱한 것이다.

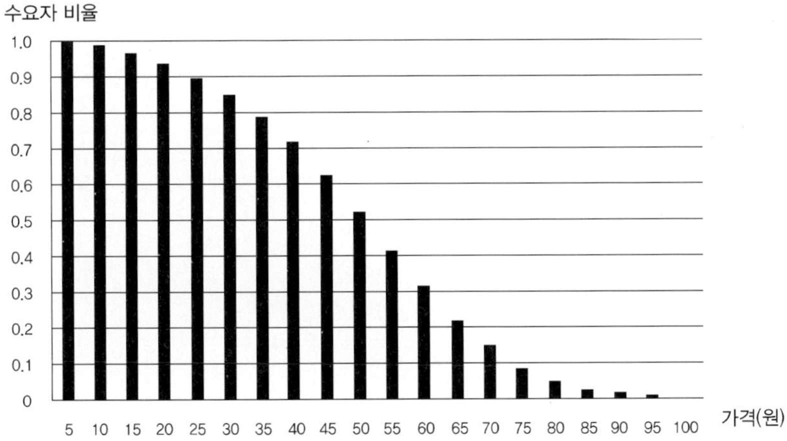

〈그림 7-5〉 이분적 선택 방법을 통한 수요함수의 추정 1

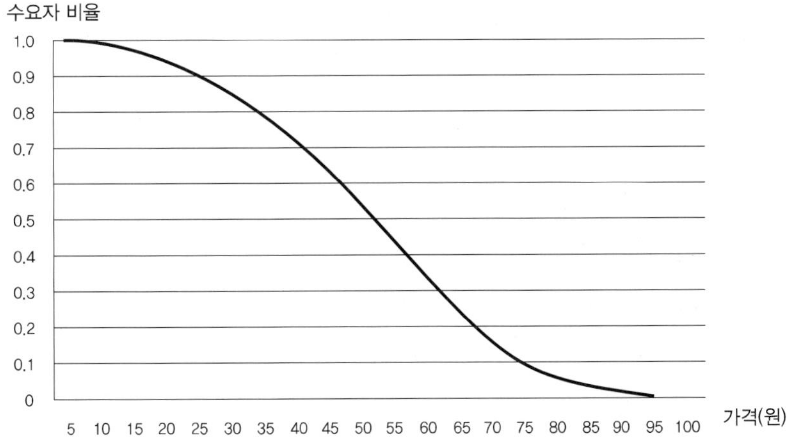

〈그림 7-6〉 이분적 선택 방법을 통한 수요함수의 추정 2

물론, 지불의사금액을 정확하게 측정하기 위해서는 〈그림 7-6〉의 면적을 측정해야 한다. 왜냐하면, 〈그림 7-6〉이 수요함수에 더 가깝기 때문이다. 하지만 〈그림 7-6〉의 면적을 측정하는 것은 간단하지 않다. 다만, 〈그림 7-6〉

은 로지스틱 곡선(logistic curve)과 유사하기 때문에 수요함수를 로지스틱 함수로 가정하고 회귀분석을 통해 모수를 추정하면 지불의사금액을 측정할 수 있다.

2. 문제점

조건부가치추정법의 대전제는 소비자 즉, 응답자가 합리적으로 행동한다는 것이다. 그러나, 소비자는 경우에 따라서는 비합리적으로 행동한다. 특히, 불확실성이 존재하는 상황에서는 소비자는 효용을 극대화하지 않는다. 이를 조건부가치추정법에서는 판단상의 편의(judgement biases)라고 하는데 의사결정에 있어서의 오류라고 할 수 있다.

판단상의 편의가 발생하는 이유는 불확실성이 존재하는 상황에서 소비자들이 복잡한 정보를 분석해서 기대효용을 극대화하기 보다는 주먹구구식으로 의사결정을 하기 때문이다. 소비자는 불확실성을 분석하는 나름의 틀(frame)을 가지고 있지만 그 틀이 경제학에서 가정하는 기대효용의 극대화가 아니라는 것이다.

소비자가 기대효용을 극대화하지 않는다는 이론 중에서 대표적인 것이 전망 이론(Prospect theory)이다. 전망 이론에 의하면 사람들은 각자 기준점(reference point)을 가지고 있으며 이를 바탕으로 이득과 손실을 인식한다. 기준점에서 재화나 서비스가 증가하면 이득, 재화나 서비스가 감소하면 손실로 인식된다. 사람들이 기준점을 가지게 되는 이유는 심리적으로 현재 자신이 가지고 있는 것들에 집착하기 때문이다.

전망 이론에 따르면 사람들이 편익과 비용을 인식하는 데 있어서 비대칭성이 나타난다. 즉, 사람들은 편익에 비해 비용을 더 크게 느낀다.[133] 또한, 일반적으로 사람들은 위험을 싫어하기 때문에 기대 편익이 같다면 확실하지만 작은 편익을, 기대 비용이 동일하다면 불확실하지만 큰 비용을 선호한다.[134] 전망 이론에 의하면 사람들의 효용함수는 〈그림 7-6〉과 같은 형태를 띠게 된다.

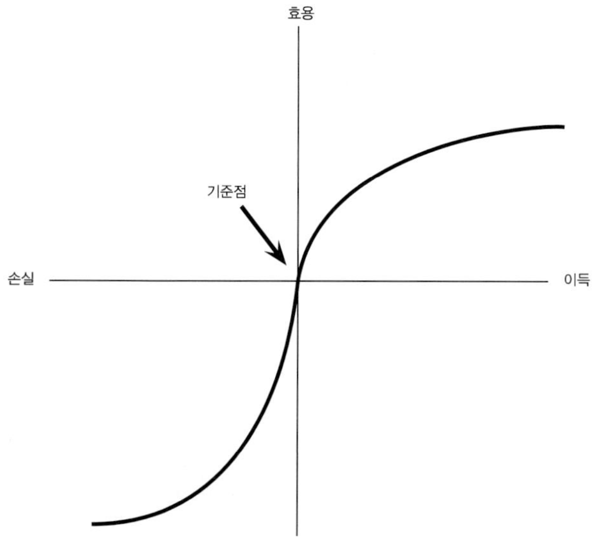

〈그림 7-7〉 전망 이론에서의 효용함수

〈그림 7-7〉에서 발견되는 특징은 세 가지로 요약된다. 첫째, 기준점이 존재하며 기준점에서 이득이 발생하면 효용이 증가하고 손실이 발생하면 효용이 감소한다. 둘째, 효용함수의 기울기는 손실이 발생하는 구간에서 상대적

133 이를 손실을 기피하는(loss averse) 성향이라고 한다. 몇몇 연구에 의하면 사람들은 손실을 이득에 비해 4~15배 더 크게 인식한다고 한다. 이러한 이유로 지불의사금액과 구별되는 수용의사금액(willingness to acceptance)을 측정해야 한다는 주장도 있다. 특정 재화를 얻기 위해 지불하고자 하는 금액이 지불의사금액이라면 수용의사금액은 특정 재화를 잃는 것에 대한 대가로 받고자 하는 금액이다.

134 기대 편익은 편익의 크기에 편익이 발생할 확률을 곱한 것이다.

으로 가파르다. 셋째, 효용함수는 이득이 발생하는 구간에서는 원점에 대해 오목(concave)한 반면, 손실이 발생하는 구간에서는 볼록(convex)하다.

이 밖에도 다양한 종류의 판단상의 편의가 발생할 수 있는데 이것들을 요약한 것이 [표 7-6]이다.

[표 7-6] 판단상의 편의

종류	내용
비강제성에 따른 편의 (noncommitment bias)	응답자들이 밝힌 지불의사금액은 그들이 실제로 지불하는 금액보다 크다. 자신이 밝힌 가격을 지불할 의무가 없기 때문이다. 이를 전략적인 행동이라고도 한다.
응답자에 내재한 효과 (embedding effects)	미시경제학의 기본 원리 중 하나는 단조성(the more the better)이다. 현실에서는 응답자들이 재화의 양적인 차이를 정확하게 인식하지 못하는 경우가 많다. 재화의 양이 크게 증가하는 데도 지불의사금액이 거의 변하지 않는 경우가 발생하는데 이를 한계효용체감의 법칙만으로는 설명할 수 없다.
순서 효과 (order effects)	설문이 제시되는 순서에 의해 지불의사금액이 영향을 받는다. 재화 A가 제시된 후 재화 B가 제시되는 경우와 재화 B가 제시된 후 재화 A가 제시되는 경우에 있어서 재화 A에 대한 지불의사금액은 같지 않다. 이러한 현상을 소득효과와 대체효과로 설명하는 학자도 있다,
시작점에 의한 편의 (starting point bias)	응답자에게 제시되는 금액이 얼마에서 시작되느냐에 따라 지불의사금액이 달라진다.

끝으로 조건부가치추정법에서는 응답자의 전략적인 행동도 문제가 된다. 여기서 '전략적'이라는 단어는 자신에게 유리한 결과가 발생하도록 하기 위해서 응답자가 자신의 진정한 선호를 드러내지 않는 것을 의미한다. 이는 공공재의 공급에서 나타나는 무임승차(free riding) 문제와 유사하다.

일반적으로 설문 대상자는 자신의 응답이 특정 사업이나 정책의 시행에 영향을 주지 못한다고 생각하면 정직하게 설문에 응답하지 않는다. 응답자의 정직한 답변을 유도하기 위해서는 응답자가 자신의 응답이 사업이나 정책의 시행에 영향을 미친다는 인식을 가지게 해야 한다. 이것이 이른바 기제 설계(mechanism design)의 핵심적인 내용이다.

기제 설계에 관한 연구에 의하면 이분적 선택이 개방형 지불의사금액이나 조건부 순위에 비해 우월하다. 이분적 선택 방법을 적용하면 응답자의 전략적인 행동을 방지할 수 있다는 것이다. [표 7-7]은 어떠한 경우에 이분적 선택이 응답자의 전략적인 행동을 방지할 수 있는지를 보여 준다.

[표 7-7] 재화의 유형과 응답자의 전략적 행동

재화 유형	요금 징수	전략적 행동
새로운 공공재	강제적	없음
새로운 공공재	임의적	있음
공공재 간 선택	-	없음

제8장 | 그림자가격

제7장에서 수요함수를 추정하는 문제에 대해 논의하였다. 그러나 수요함수를 안다고 해서 순편익을 측정할 수 있는 것은 아니다. 순편익을 측정하기 위해서는 물리적 측면에서의 편익과 비용의 경제적가치를 평가해야 한다. 정부사업의 물리적인 영향의 경제적가치를 평가하는 직관적인 방법은 시장가격을 적용하는 것이다. 그러나 현실에서는 시장에 왜곡이 존재하기 때문에 시장가격으로 편익과 비용을 평가하기보다는 기회비용 혹은 그림자가격으로 평가하는 것이 바람직하다.

정부사업에 대한 비용편익분석에 있어서 투입과 산출의 그림자가격을 측정하는 가장 대표적인 방법으로 'LMST 회계가격(LMST accounting price)'을 들 수 있다.[135]

본 장에서는 먼저 LMST 회계가격에 대해 논의한 후 정부사업에 투입되는 중요한 생산요소 중 하나인 노동의 그림자가격을 추정하는 문제를 다룬다. 그리고 3절에서는 기존 연구에 의해 추정된 여러 종류의 그림자가격을 소개한다.

---

135 LMST는 이 방법을 개발한 네 사람의 이름의 첫 글자를 딴 것이다. 그들은 Little, Mirrless, Squire, 그리고 Tak이다. 또한, 회계가격은 그림자가격과 동일한 개념이다.

1절 / LMST 회계가격

LMST 회계가격 방법은 비교적 단순하다. 정부사업과 관련된 투입과 산출의 시장가격에 회계가격 비율(accounting price ratio)을 곱하면 회계가격이 측정된다. 회계가격 비율은 시장가격을 그림자가격으로 변환시키는 일종의 변환 계수라고 할 수 있다. 이 방법의 핵심은 국가 간 교역이 가능한 투입이나 산출의 가치는 국내가격이 아닌 국제가격으로 평가되어야 한다는 것이다. 그 이유는 수출이나 수입이 가능한 교역재(trade good)의 경우에는 국내가격보다 국제가격이 기회비용을 잘 반영하기 때문이다. 국내가격에는 관세, 각종 세금, 운송비 등이 포함되기 때문에 기회비용이 제대로 반영되지 않는다. 비교역재는 교역의 대상이 아니므로 국내가격으로 평가해도 무방하지만 교역재는 국제가격으로 평가해야 한다.

LMST 회계가격 방법에서는 정부사업과 관련된 투입과 산출을 수출재, 수입재, 비교역재의 세 종류로 구분하고 각각에 대해 상이한 회계가격 비율을 적용해서 회계가격을 측정한다. 정부사업에 쓰이는 투입 중에는 외국으로부터 수입된 재화가 있고, 정부사업에 사용되지 않았다면 수출되는 재화도 있기 때문에 이러한 투입에 대해서는 수입재 혹은 수출재의 회계가격 비율을 적용해서 회계가격을 측정해야 한다. 마찬가지로, 정부사업을 통해 만들어진 산출 중 일부는 수입재를 대체하거나 외국으로 수출되는데 이것 역시 수입재 혹은 수출재의 회계가격 비율로 평가해야 한다.

1. 수입재

정부가 특정 사업을 시행하는 과정에서 외국으로부터 재화 A를 수입한다고 가정하자. 재화 A의 가격은 '선적지 인도' 조건으로 40달러이고 1달러는 1,000원이다.[136] 선적지 인도 조건으로 수입된 재화 A를 정부사업에 투입하기 위해서는 다음과 같은 추가적인 비용이 발생한다.

[표 8-1] 수입재의 회계가격

	시장가격		회계가격 비율	회계가격 (원)
	달러	원		
선적지 인도 가격	40	40,000	1.00	40,000
관세	-	5,000	0.00	-
운송비	-	4,000	0.50	2,000
유통비	-	2,500	0.80	2,000
합 계		51,500	0.85	44,000

재화 A의 시장가격은 51,500원인데 이 중에서 11,500원은 국내에서 발생한 추가적인 비용이다. 선적지 인도 가격은 국제가격이기 때문에 1.0의 회계가격 비율이 적용되는 반면, 관세는 국내 소비자로부터 정부로의 소득 이전이기 때문에 회계가격에 반영되지 않으며 운송비와 유통비는 일부분만 반영된다. 결과적으로, 재화 A의 회계가격은 44,000원이 되며 회계가격 비율은 44,000원을 51,500원으로 나눈 값인 0.85가 된다.[137]

---

136 선적지 인도 가격은 약자로 CIF 가격이다. CIF 가격에는 수입국 항구까지의 운송비와 보험료가 포함된다.

137 수입재의 회계가격 비율인 0.85는 개별 비용 항목에 대한 회계가격 비율을 가중 평균한 것이다. 여기서 가중치는 총 비용에서 특정 비용이 차지하는 비중이다. 이를 수식으로 표현하면 다음과 같다.

$$0.85 = [(40{,}000/51{,}500) \times 1.00] + [(5{,}000/51{,}500) \times 0.00] + [(4{,}000/51{,}500) \times 0.50] + [(2{,}500/51{,}500) \times 0.80]$$

2. 수출재

앞에서 언급한 바와 같이 수출재에 있어서는 두 가지 경우를 구분해서 회계가격을 측정해야 한다. 먼저, 정부사업에 의해 만들어진 재화가 수출되는 경우에 회계가격이 어떻게 측정되는지 알아보고 다음으로 수출이 가능한 재화를 정부사업에 사용하는 경우를 살펴본다.[138]

[표 8-2] 수출재의 회계가격

	시장가격		회계가격 비율	회계가격 (원)
	달러	원		
본선 인도 가격	10.0	10,000	0.995	9,950
공장 출하 가격	7.4	7,400	1.00	7,400
운송비	0.1	100	0.50	50
수출세	2.5	2,500	1.00	2,500

정부사업을 통해 만들어진 재화를 수출할 경우 회계가격은 [표 8-2]와 같은 방식으로 측정된다.[139] 이 재화의 가격은 '본선 인도' 조건으로 10달러 즉, 10,000원이지만 회계가격은 9,950원이다. 따라서 이 재화의 회계가격 비율은 0.995라고 할 수 있다. 여기서 주의해야 할 항목은 수출세이다. 수출세는 이 재화를 소비하는 수입국 국민이 부담하기 때문에 회계가격 비율은 1이 적용된다.

수출할 수 있는 재화를 정부사업에 사용하면 두 개의 비용 항목이 추가된

138 후자는 특정 재화가 정부사업에 사용되지 않았다면 수출되는 경우를 말한다.

139 본선 인도 가격은 약자로 FOB 가격이라고 하는데 수출국 항구에 정박 중인 배에 재화를 선적할 때까지 소요되는 모든 비용이 포함된다.

다. 정부사업에 투입되는 과정에서 국내에서 운송비와 유통비가 추가되기 때문이다. [표 8-2]에서 측정한 회계가격에 운송비와 유통비의 회계가격을 더하면 10,850원이 되고 회계가격 비율은 0.969로 증가한다.

[표 8-3] 잠재적인 수출재의 회계가격

	시장가격		회계가격 비율	회계가격 (원)
	달러	원		
본선 인도 가격	10.0	10,000	0.995	9,950
공장 출하 가격	7.4	7,400	1.00	7,400
운송비	0.1	100	0.50	50
수출세	2.5	2,500	1.00	2,500
국내 운송비	-	200	0.50	100
국내 유통비	-	1,000	0.80	800
합 계	-	11,200	0.969	10,850

3. 비교역재

원칙적으로 비교역재는 교역의 대상이 아니기 때문에 국내가격을 그대로 회계가격으로 사용해도 무방하다. 그러나 비교역재를 생산하는 데 투입되는 생산요소 중에는 교역재가 있기 때문에 이에 대해서는 회계가격을 측정해야 한다. [표 8-4]는 대표적인 비교역재인 전기 생산의 비용을 항목별로 나타낸 것이다.

전기 생산에 소요되는 총비용은 4,000억 원인데 자본비용과 운영비용에 적용되는 회계가격 비율이 각각, 0.89와 0.83이기 때문에 회계가격은 3,509억 원이 된다.[140] [표 8-4]에 의하면 자본 비용은 발전기 구입비, 발전소 건설비로 구성되며 발전소 건설비는 다시 네 개 항목으로 이루어지는 데 이 중에서 기타 비용은 세 가지 항목의 합으로 정의된다. 따라서 자본 비용의 회계가격은 '기타 비용(d) → 발전소 건설비 → 자본 비용' 순으로 측정된다.

[표 8-4] 비교역재의 회계가격

	시장가격	회계가격 비율	회계가격
자본 비용(A+B)	3,000	0.89	2,678
A. 발전기 구입비(CIF)	1,800	1.00	1,800
B. 발전소 건설비	1,200	0.73	878
a. 수입 설비(CIF)	500	1.00	500
b. 인건비	250	0.60	150
c. 관세·세금	200	0.00	0
d. 기타 비용	250	0.91	228
1) 수입 설비(CIF)	180	1.00	180
2) 인건비	40	0.60	24
3) 기타 비용	30	0.80	24
운영 비용(A+B+C)	1,000	0.83	831
A. 연료비(CIF)	800	1.00	800
B. 유지비	40	0.78	31
a. 부품구입비(CIF)	15	1.00	15
b. 인건비	20	0.60	12
c. 기타 비용	5	0.80	4
C. 관세·세금	160	0.00	0
합 계	4,000	0.88	3,509

140 (3,000억 원 × 0.89) + (1,000억 원 × 0.83) = 3,509억 원

기타 비용(d)의 회계가격 비율은 수입 설비, 인건비, 기타 비용(3)의 회계가격 비율의 가중 평균이다.[141] 또한, 발전소 건설비의 회계가격 비율은 기타 비용(d), 수입 설비, 인건비, 관세·세금의 회계가격 비율의 가중 평균으로 정의된다.

끝으로 자본 비용은 발전기 구입비와 발전소 건설비의 합이므로 회계가격 비율은 다음과 같이 계산된다.

$$[(1{,}800\text{억 원}/3{,}000\text{억 원}) \times 1.00] + [(1{,}200\text{억 원}/3{,}000\text{억 원}) \times 0.73)] = 0.89 \tag{8.1}$$

[표 8-4]를 보면 비교역재의 회계가격을 측정하는 데 있어서 비용 항목별로 상이한 회계가격 비율이 적용된다는 것을 알 수 있다. 설비나 연료와 같이 외국에서 수입하는 재화의 경우에는 시장가격이 그대로 회계가격으로 인정되지만 관세나 세금은 회계가격에 반영되지 않는다. 인건비 즉, 노동의 회계가격은 다른 항목에 비해 측정이 어려운데 여기서는 회계가격 비율로 0.6을 사용하였다.[142]

기타 비용은 말 그대로 특정 항목으로 분류할 수 없는 잡다한 비용을 포괄하는 개념이다. 여기서는 기타 비용에 대한 회계가격 비율을 0.8로 가정하였다.[143]

---

141 [(180/250) × 1.00] + [(40/250) × 0.6)] + [(30/250) × 0.8] = 0.91

142 노동의 회계가격의 측정에 대해서는 2절에서 자세하게 논의한다.

143 일반적으로 기타 비용에 대해서는 표준 변환 요소(standard conversion factor)를 적용한다. 많은 학자들이 여러 국가를 대상으로 표준 변환 요소를 측정하였는데 평균은 약 0.8이다.

2절 / 노동의 그림자가격

모든 정부사업에는 노동이라는 생산요소가 투입된다. 또한, 미숙련 노동자에게 일자리를 제공하는 것은 대규모 정부사업의 주된 목적 중 하나이다. 따라서 정부사업에 대한 비용편익분석에 있어서 노동의 그림자가격을 측정하는 것은 매우 중요하다. 노동의 회계가격도 시장임금(market wage)에 노동의 회계가격 비율을 곱해서 측정할 수 있다.

노동이 다른 생산요소와 구별되는 특징은 동질적이지 않다는 것이다. 노동시장에는 숙련된 노동자와 숙련되지 않은 노동자가 혼재한다. 노동의 회계가격 비율을 계산하기 위해서는 먼저 시장임금을 측정해야 하는데 이미 기업에 고용된 숙련 노동자의 시장 임금은 쉽게 측정할 수 있는 반면, 실업 상태에서 정부사업에 투입되는 미숙련 노동자의 임금은 측정이 어렵다.

노동의 회계가격을 측정하는 데 있어서 고려해야 하는 또 다른 문제는 미숙련 노동자들이 농촌에서 도시로 이동한다는 것이다. 정부가 도시에서 대규모 사업을 벌일 경우 새로 만들어지는 일자리의 대부분은 그 도시에 거주하는 실업자들이 아닌 농촌으로부터 유입된 미숙련 노동자들에 의해 채워진다. 해리스(Harris)와 토다로(Todaro)는 도시의 실업률이 농촌에 비해 높음에도 불구하고 임금 수준은 도시가 농촌보다 높다는 사실을 바탕으로 미숙련 노동의 도시 유입을 이론적인 측면에서 설명하였다. 미숙련 노동자들이 농촌에서 도시로 이동하는 것이 노동의 회계가격을 측정하는 데 있어서 어떤 문제를 야기하는가?

정부가 농촌 지역에서 공공사업을 벌일 경우에는 도시 지역의 미숙련 노동자들이 농촌으로 유입되지 않기 때문에 농촌 노동의 회계가격은 다음과 같이 측정하면 된다.

농촌 노동의 회계가격

= 농촌 노동의 시장임금 × 노동의 회계가격 비율 (8.2)

반면, 정부가 도시 지역에서 공공사업을 시행할 경우에는 노동의 회계가격을 식 (8.2)와 같은 방법으로 측정할 수 없다. 왜냐하면, 노동의 회계가격이 과대 추정되기 때문이다. 새로운 일자리의 대부분이 농촌에서 유입된 미숙련 노동자들에 의해 채워지면 도시 노동의 회계가격은 도시가 아닌 농촌 지역의 임금 수준을 기준으로 측정해야 한다. 구체적으로는 아래와 같이 측정된다.

도시 노동의 회계가격 = (농촌 노동의 회계가격)/(E/L) (8.3)

식 (8.3)에서 L은 도시 지역의 노동력(labor force), E는 취업자 수이다. 식 (8.3)에 의하면 도시 노동의 회계가격은 농촌 노동의 회계가격을 도시 지역의 취업률(E/L)로 나눈 것으로 정의된다.

3절 / 측정사례[144]

1. 생명의 가치

미국의 경우 주로 1990년대에 생명의 가치를 측정하는 연구가 이루어졌는데 1990년 물가수준을 기준으로 최소 2백만 달러, 최대 3백만 달러로 나타났

144 이 절에서 제시된 그림자가격은 Anthony E. Boardman(2005), *Cost-Benefit Analysis; Concepts and Practice*와 에두아르도 포터(2011), 『모든 것의 가격』에서 인용한 것이다.

다. 또한, 경제가 성장함에 따라 생명의 가치는 지속적으로 증가하고 있다. 최근의 연구 중에는 생명의 가치를 570만 달러로 측정한 것도 있다.

이러한 연구에서 발견되는 가장 큰 문제점은 연구자에 따라 추정치가 크게 다르다는 것이다. 대체로 많은 학자들이 동의하는 생명의 가치는 약 4백만 달러이다.

[표 8-5] 생명의 가치와 상해의 비용

(단위: 달러)

종 류	비용
A. 생명	4,000,000
B. 상해	
a. 영구적인 치명적 상해	520,000
b. 치명적인 상해는 아니지만 병원에 입원하는 경우	56,000
c. 병원에 입원하지 않은 경우	846
C. 사고 종류	
a. 자동차 사고	14,800
b. 낙상	4,973
c. 화재	88,144
d. 음독	8,250
e. 화상	4,233
f. 익사	106,450
D. 상해 부위 (자동차 사고)	
a. 척추	2,900,000
b. 뇌	1,200,000
c. 상반신	460,000
d. 하반신	150,000

[표 8-5]는 상해 정도별, 사고 종류별, 그리고 자동차 사고에 있어서 상해 부위별 기회비용을 나타낸다. [표 8-5]에 의하면 사고 종류별 기회비용이 상해 부위별 비용에 비해 작은데 그 이유는 추정 방법이 다르기 때문이다. 사고 종류별 기회비용에는 환자의 치료와 회복에 소요되는 비용과 근로소득의 상실분은 포함되었으나 환자가 겪는 고통, 불행 등과 같은 심리적, 주관적 비용이 제외되었다. 또한, 인적 피해만을 고려하고 물적 손실과 재판 비용 등이 반영되지 않았기 때문에 보수적으로 측정되었다고 할 수 있다.

반면, 상해 부위별 기회비용에는 의료 및 응급 서비스의 이용에 따른 비용, 가정이나 직장에서 발생하는 생산성 감소, 보험 및 법률 서비스 비용, 물적 손실, 삶의 질 하락 등이 모두 반영되었다. 상해로 인한 삶의 질 하락은 특정 상해를 피하기 위해 사람들이 지불하고자 하는 금액을 추정함으로써 측정할 수 있다.

요약하면, 사고 종류별 기회비용은 상해를 입은 사람을 중심으로 금전적인 비용을 측정한 것이고 상해 부위별 기회비용은 인적, 물적, 주관적, 심리적 비용을 모두 고려한 일종의 사회적 비용이다. 전자를 상해에 대한 비용의 하한(lower bound), 후자를 상한(upper bound)이라고 할 수 있다.

2. 시간의 가치

교통과 관련된 인프라 시설을 구축하는 사업에 있어서 중요한 편익 중 하나는 이동 시간의 절약이다. 특정 지역에 거주하는 주민이 10만 명이고 지하철로 인해 이동 시간이 평균적으로 30분 단축된다면 하루 평균 5만 시간의 편익이 발생한다고 할 수 있다.

일반적으로 사람들은 이동 시간을 줄이려고 한다. 이동 시간을 줄일 수 있다면 사람들은 어느 정도의 비용을 지불할 것이다. 기다리는 데 소요되는 시간이나 혼잡 때문에 낭비하는 시간 역시 비용이라고 할 수 있다. 자동차 등록을 하기 위해 기다리는 시간, 의료서비스를 받기 위해 대기하는 시간, 실업 수당을 받기 위해 기다려야 하는 시간 등이 그 예이다. 정부사업으로 인해 이러한 시간이 단축된다면 편익이 발생했다고 할 수 있다.

기본적으로 시간의 기회비용은 이동 비용을 바탕으로 측정한다. 업무를 위한 이동의 경우에는 세전 시간당 임금을, 업무 외 목적으로 이동하는 경우에는 세후 시간당 임금의 50%를 기회비용으로 간주한다.[145] 이동 목적에 따라 시간의 기회비용이 달라진다. 또한, 사람들은 걷거나 기다릴 경우 차를 타고 이동하는 것에 비해 큰 고통을 느낀다. 걷거나 기다리는 것은 차를 타고 이동하는 것에 비해 기회비용이 크다고 할 수 있다.

끝으로 정부가 댐이나 운하를 건설하고 국립공원을 조성하면 그곳에 거주하는 주민과 관광객은 다양한 여가 활동을 할 수 있는데 이는 무형의 편익에 해당된다. 다양한 여가 활동으로부터 발생하는 편익의 크기는 [표 8-6]에 나타난 바와 같다.

여가 활동의 가치는 제7장에서 논의한 조건부가치추정법을 통해 측정할 수 있다. 여가 활동으로 발생하는 편익은 특정 시설의 이용을 통해 발생하는 편익과 시설의 이용과는 무관하게 발생하는 편익으로 구분된다. 전자를 사용 편익(use benefit), 후자를 비사용 편익(non-use benefit)이라고 한다. 예를 들어, 사냥이나 등반은 사용 편익에, 웅장한 산세나 아름다운 해안과 같은 풍경은 비사용 편익에 해당된다.

---

145 국가별로 시간당 임금이 다르기 때문에 시간의 기회비용도 국가별로 다르다.

[표 8-6] 시간의 기회비용과 여가 활동의 가치

(단위: 달러)

종류	가치(기회비용)
A. 시간	
a. 이동	
1) 업무	세전-시간당 임금
2) 업무 외	세후-시간당 임금의 50%
b. 기타	
1) 도보	세후-시간당 임금의 60%
2) 기다리는 것	세후-시간당 임금의 125%
3) 혼잡	세후-시간당 임금의 150%
B. 여가 활동	
a. 야영	34.4
b. 낚시	43.6
c. 배 타기	93.4
d. 사냥	43.4
e. 산악자전거 타기	68.3
f. 자동차 운전	54.8
g. 암벽 등반	52.0
h. 스쿠버 다이빙	29.9
i. 수영	39.5
j. 수상 스키	45.4
k. 윈드 서핑	365.8

3. 환경의 가치

환경과 관련된 그림자가격으로 공해와 소음의 비용과 천연 자원인 물의 가치를 보여 주는 것이 [표 8-7]이다. 정부사업으로 공해나 소음이 발생하면 이는 비용 항목에 포함되지만 공해나 소음이 감소하면 편익으로 간주된다. 공해의 비용은 건강과 환경에 미치는 영향으로 구분되는데 미숙아 출산, 질병 발생 등은 건강 비용에, 해수면 상승, 해안 침식, 하천 범람, 농작물 피해, 건물과 차량의 부식 등은 환경 비용에 해당된다.

구체적으로 건강 비용은 두 단계를 거쳐 측정된다. 먼저, 오염 물질이 한 단위 증가함에 따라 질병에 걸릴 확률이 얼마나 증가하는지 측정한 후, 사람들이 질병에 걸리는 것을 피하기 위해 얼마나 지불할 용의가 있는지를 추정한다.

소음의 비용은 소음 1단위의 증가에 의해 하락한 주택가격으로 정의된다. [표 8-7]에 의하면 소음이 1단위 증가할 때 나대지 가격은 약 1.66% 감소한다. 흥미로운 사실은 주택가격에 비해 나대지 가격이 소음에 민감하게 반응한다는 것이다. 나대지는 주택이 건축되지 않은 땅이기 때문에 소음이라는 부정적 요인이 개발에 따른 기대 이익을 크게 떨어뜨린다고 할 수 있다.

끝으로 물의 가치는 용도에 따라 편차가 크다. 가치가 가장 작은 물은 오수로 단위당 3.45달러에 불과하지만 산업용 용수는 300달러가 넘는 것으로 추정되었다.[146]

---

146 가로, 세로가 각각, 1에이커(acre), 높이가 1풋(foot)인 부피를 한 단위로 가정하였다.

[표 8-7] 공해 및 소음의 비용과 물의 가치

(단위: 달러)

종류	비용(가치)
A. 공해	
a. 건강 비용(1mg/1m^3)	
1) 미세 먼지	26.5~74.0
2) 납	5.6~17.5
3) 아황산	1.4~24.8
b. 환경 비용 (1톤)	
1) 아황산	127~214
2) 미세 먼지	5,067~7,265
3) 일산화탄소	1.2~2.6
4) 질소산화물	420~1,106
5) 납	3,541~4,383
6) 이산화탄소	0.3~3.5
B. 소음	
a. 소음의 종류	
1) 항공기	가격의 0.65% 하락
2) 자동차	가격의 0.64% 하락
b. 토지의 종류	
1) 주거용	가격의 0.65% 하락
2) 상업용	가격의 0.90% 하락
3) 나대지	가격의 1.66% 하락
C. 물	
a. 오수	3.5
b. 낚시/레저	55.4
c. 항해	168.6
d. 수력 발전	28.9
e. 농업용	86.6
f. 산업용	325.6
g. 화력 발전	39.3
h. 가정용	240.0

4. 범죄의 비용

각종 범죄로 인해 발생하는 비용은 피해자를 중심으로 측정할 수도 있고 사회적 차원에서 파악할 수도 있다. [표 8-8]에 의하면 타인으로부터 공격을 당했느냐 자해를 했느냐에 따라, 그리고 피해자가 생존했느냐 사망했느냐에 따라 비용의 크기가 달라진다. 총기 범죄에 있어서는 자해에 따른 비용이 큰 반면, 칼에 의한 범죄의 경우에는 피습에 따른 비용이 상대적으로 큰 것으로 나타났다. 그 이유는 자해의 경우에는 총이 칼보다 치명적이지만 피습에 있어서는 칼이 더 위험한 결과를 초래하기 때문이다.

[표 8-8] 범죄의 비용

(단위: 달러)

종류	비용	
	전체 평균	생존자 평균
A. 피해자의 비용		
a. 총에 맞은 경우	830,000	200,000
b. 자신에게 총을 쏜 경우	2,250,000	260,000
c. 칼에 찔린 경우	160,000	86,000
d. 자신을 칼로 찌른 경우	130,000	95,000
B. 사회적 비용		
a. 치명적인 범죄		
1) 음주 운전	3,750,000	
2) 방화	3,230,000	
3) 강간 및 폭행	3,470,000	
b. 치명적이지 않은 범죄		
1) 아동 학대	70,000	
2) 강간/성폭행	103,000	
3) 강도	9,400	
4) 절도	400	
5) 주거 침입	1,700	
6) 차량 절도	4,400	

부록 8

9.11 희생자 보상 기금 (September 11th Victim Compensation Fund)

이 기금은 2001년 9월 11일 세계무역센터와 미국 국방성에 대한 테러 공격으로 인해 희생된 사람의 유족에 대한 보상을 위해 만들어졌다. 기금의 운영에 있어서 관건은 희생자의 유족이 부담해야 하는 경제적, 비경제적 손실의 금전적인 크기를 측정하는 것이었다. 비경제적 손실에 대해서는 희생자 한 명당 25만 달러, 유족 한 명당 10만 달러가 일률적으로 책정되었으나 경제적 손실은 희생자 개인별로 상이한 금액이 책정되었다.

경제적 손실을 측정하는 데 있어서는 희생자의 임금이 기준이 되기 때문에 개인별 보상 금액에 큰 편차가 나타날 수밖에 없다. 구체적으로 30대 남성의 가치는 약 280만 달러로 추정되었으나 70대 남성에 대해서는 60만 달러에 못 미치는 보상금이 책정되었다. 또한, 여성에 대한 보상금은 남성에 비해 평균적으로 37% 낮았다. 결과적으로 9.11 테러로 희생된 2,880명에 대한 보상금의 평균은 약 200만 달러였으나 연봉이 400만 달러 이상인 희생자들에 대해서는 640만 달러의 보상금이 지급되었다. 희생자 2,880명 중에서 보상금이 가장 작은 사람의 가치는 25만 달러로 추정되었다.

Understanding
the Cost-Benefit Analysis

제4부 **사례 및 한계**

제9장 | 다기준의사결정
가치추정 및 예비타당성조사

지금까지 우리는 비용편익분석의 기본개념에서 그림자가격의 추정까지 이론적 측면에서 비용편익분석에 대하여 전반적으로 살펴보았다. 제9장에서는 비용편익분석에 대한 확실한 이해와 현실감을 더하기 위하여 실제 이용되고 있는 사례들을 가지고 연구해 보려 한다. 이를 위하여 이 장에서는 비용편익과 관련한 문헌 및 실제 현장에서 사용되는 자료를 바탕으로 진행하였다.

3절 『문화시설의 가치추정 연구』에서는 박물관, 종합직업체험관 등의 예를 통해 문화시설의 가치를 추정하는 방법론에 대하여 알아본다. 그리고 이를 통해 가치재적 성격을 갖는 문화시설에 대한 정부개입(보조)의 정당성을 살펴보겠다.

4절 『김연아 빙상경기장 건립사업 예비타당성조사』 편에서는 문화체육관광부와 경기도 군포시청의 주도 아래 건립을 예정하고 있는 '김연아 빙상경기장'에 대한 건립사업의 규모적정성을 살펴본다(CVM 방식적용). 그리고 실제 사업시행에 있어서 경제적 측면뿐만 아니라, 다양한 정책적 변수가 존재하며 이러한 문제들이 사업시행에 어떻게 영향을 미치는지에 대하여 알아본다.

1절 / 예비타당성조사의 개요

1. 개념

예비타당성조사란 대규모 개발 사업에 대한 개략적인 조사를 통하여 경제적 · 정책적 분석과 함께 투자 우선순위, 적정 투자시기, 재원조달 방법 등 타당성을 검증함으로써 대형 신규 사업 착수에 신중을 기하고 재정투자의 효율성을 높이기 위한 제도이다.

2. 제도의 도입

이러한 예비타당성조사는 정부(기획예산처)가 대형 투자사업의 재정투자 효율성을 높이기 위해 1999년 예산회계법 시행령을 개정하여(국가재정법 시행령 제13조) 도로, 항만 등 총 사업비 500억 원 이상의 공공투자사업을 대상으로 도입 · 적용하기 시작하였다.

현재 실시하고 있는 예비타당성조사의 모델은 선진국 및 IBRD의 Preliminary Feasibility Test를 기본으로 하였으며, 타당성 평가에 근거한 예산사업 추진이 성숙단계에 이르면서 당초 SOC 기반시설 중심의 건설사업 타당성이 주종을 이루던 것에서 문화 및 관광시설 등 다양한 유형의 사업으로 그 대상이 확대되어 왔다. 타당성 평가 · 분석 제도의 성과를 높게 평가한 정부는 2007년에 국가재정법 시행령의 개정을 통해 과학기술분야까지 예비타당성 평가/분석 대상 범위를 대폭 확대하게 된다.

동 규정에 따르면 국가연구개발 사업으로서 연구단지 조성, 연구개발센터 및 연구 장비 구축 등 구체적 산출물이 있는 연구기반조성 사업으로 총 사업비가 500억 원 이상이고 국가의 재정지원 규모가 300억 원 이상인 신규 사업이 예비타당성 평가·분석의 대상이 된다. 다만 주된 사업성격이 연구시설과 연계된 장비의 구입이나 구축이 아닌 기초연구지원 등을 위한 연구 장비의 직접 개발에 해당될 경우는 대상사업에서 제외하였다.

그동안 모든 예비타당성조사를 수행하는 데 있어서 한국개발연구원(KDI)의 일반지침 연구 보고서(이하 일반지침)는 기본지침서 및 연구보고서의 역할을 담당해 왔다. 일반지침은 예비타당성조사의 수행방법 및 조사기준뿐만 아니라 지침을 뒷받침하는 방법론 연구 및 주요 파라미터 추정 등의 내용을 수록하여 공공투자사업 평가와 관련된 이론적, 실무적 연구결과를 포괄적으로 제시하고 있다. 일반지침은 도로, 철도, 항만, 문화관광, 수자원 등의 사업부문별 조사 표준지침 연구의 기본지침서 역할도 담당하고 있다.

3. 평가·분석 방법

평가방법은 기본적으로 경제성 평가·분석, 정책성 평가·분석 및 분석적 계층화법(AHP)의 3단계로 나누어 실시하고 있으며, 예비타당성조사를 총괄하고 있는 한국개발연구원(KDI)에서는 분석 방법이나 절차에 있어 사업별로 별도의 조사 방법과 방식을 따로 적용하지 않고 있다.

1) 평가(분석)의 절차

예비타당성조사는 일반적으로 〈그림 9-1〉과 같은 절차를 통해 이루어진다. 우선적으로 사업의 개요를 이해하고, 기초자료를 분석하여 사업의 쟁점을 부각시키고, 수요측정 및 비용-편익 추정을 통한 경제성(재무) 분석과 지역경제 파급효과, 지역낙후도 평가, 재원조달 가능성 평가 등의 정책적 분석을 실시하게 된다. 그리고 이를 통해 해당 사업의 국민경제적 위치를 파악하고 다기준 분석을 활용하여 경제적·정책적 분석 결과에 대한 종합평가를 실시하는 것으로 한다.

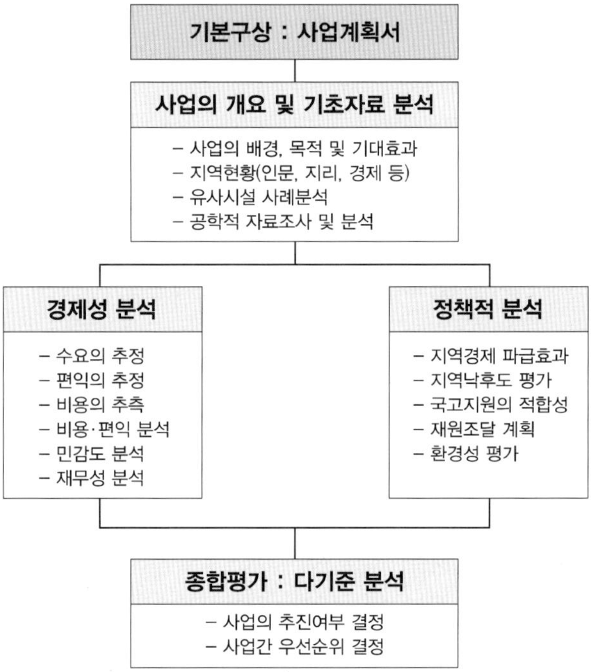

출처: KDI(2000), 예비타당성조사수행을 위한 일반지침연구, 11.

〈그림 9-1〉 예비타당성조사의 수행체계

예비 타당성의 결과, 투자필요성이 인정되면 본격적인 타당성 조사에 들어가고, 설계 및 보상 후 착공에 들어가게 된다. 그러므로 어떤 의미에서는 대규모 투자사업의 추진과정에 한 단계의 의사결정과정이 추가된 것으로 볼 수 있는데, 정부는 이 과정에서 적정한 투자 사업을 선별하여 투자의 효율성을 높이는 데 그 목적이 있다고 할 수 있다.

2절 / 다기준의사결정(MCDM)

1. 다기준의사결정(Multicriteria Decision Making)의 필요성

이제까지 예비타당성조사는 경제성에 관한 분석과 정책적 차원에서의 분석을 조사의 양대 축으로 삼고 진행하였다. 경제성 분석에서는 비용-편익 분석을 기본 방법론으로 수요, 편익 및 비용을 추정한 후 경제적 타당성을 평가하였으며, 정책적 분석에서는 지역경제 파급효과 추정, 지역낙후도 평가, 재원조달 가능성 평가, 관련 계획 및 정책과의 일치성, 사업의 추진 의지 및 선호도 평가 등 기본 평가항목과 사업의 특수성을 평가에 반영하기 위한 사업특수 평가항목에 대한 분석을 실시하였다.

예비타당성조사의 마지막 단계는 경제적 분석과 정책적 분석 결과를 종합하여 사업의 추진 여부에 대한 최종적인 판단을 도출하는 단계이다. 경제성 분석과 정책적 분석 결과를 종합하는 데에는 다음과 같은 어려움이 따른다.

첫째, 정량적 분석 결과와 정성적 분석 결과를 통합하는 어려움이다. 경제성 분석은 그 결과가 B/C 비율, 순편익의 현재가치(NPV), 내부수익률(IRR) 등 정량적으로 제시되는 반면, 정책적 분석에 포함되는 많은 평가항목, 예컨대 지역의 사업 추진 의지, 국고조달 가능성, 관련 계획과의 일치성 등은 계량화가 어려우므로 정성적 표현으로 제시된다. 예를 들면, B/C 비율은 높지만 상위계획과 일치하지 않는 사업의 타당성을 어떻게 종합평가할 것인가는 쉽지 않은 문제이다.

둘째, 정량적 분석의 경우에도 서로 상이한 척도(scale)를 갖는 평가항목을 통합하는데 어려움이 따른다. 예를 들면, 어떤 공공투자사업의 B/C 비율이 1.0보다 작은 0.9이지만 2,000명이라는 매력적인 고용창출 효과를 갖는 경우, 어떠한 기준으로 사업시행 또는 미시행이라는 최종판단을 내려야 할 것인가의 문제가 발생한다.

셋째, 평가의 일관성과 사업의 특수성을 동시에 반영해야 하는 어려움이 따른다. 예비타당성조사 대상이 되는 사업 가운데는 국가전략 차원에서 추진되는 사업이나, 문화재보호 등 경제성 분석틀 안에서 계량화되지 않는 특수한 평가항목이 월등히 중요한 경우가 발생한다. 예비타당성조사 체계의 정책적 분석에서는 이러한 사업 특수성을 평가의 틀 속에 반영할 수 있도록 하고 있다. 한편, 사업특수성이 종합평가에서 차지하는 비중이 지나치게 클 경우 다른 사업과의 평가일관성이 떨어질 위험성이 존재한다. 따라서 예비타당성조사 체계가 일반적으로 적용될 수 있는 분석틀로서 가치를 유지하기 위해서는 해당 사업의 특수성이 사업의 시행 여부를 결정하는 데 있어 얼마만큼 중요한 영향을 미쳤는지를 객관적으로 보여 줄 수 있어야 한다.

넷째, 종합평가에 참여하는 여러 평가자들의 의견을 종합하여 최종적인 결론을 도출하는 어려움이다. 한 사람의 평가자가 종합평가를 내릴 경우에는 그 판단의 타당성 여부만이 문제가 된다. 그러나 여러 사람의 의견이 종합되어야 할 경우에는, 어떻게 하여야 대표성을 가진 종합판단이 될 것인지, 특히 개별 연구진들이 해당 사업의 시행 여부에 대해 상반된 견해를 갖는 경우에는 어떻게 최종의사결정에 도달할 것인지 등의 문제가 발생한다.

이와 같은 어려움을 극복하기 위하여 다기준의사결정(multicriteria decision making) 방법론이 제시된다. 이는 다수의 속성들(multi attributes)을 고려하여 다차원의 목적들(multi objectives)을 충족하는 최적대안을 도출하는 의사결정기법이다. 예비타당성조사의 종합평가에서도 다수의 정량적, 정성적 평가항목을 고려하여 경제성이 높으면서 정책적으로도 타당한 사업을 식별해내어야 한다.

2. 다기준의사결정을 위한 분석도구

일반적으로 다기준의사결정(Multicriteria Decision Making: MCDM)을 위한 분석도구로 SWOT 분석, 다속성효용이론(Multi-Attribute Utility Theory: MAUT) 및 계층화분석(Analytic Hierarchy Process: AHP) 등이 사용되고 있다.

SWOT은 강점(Strength), 약점(Weakness), 기회(Opportunity), 위협(Threat)의 머리글자를 모아 만든 단어로 통상적으로 경영 전략을 수립하기 위한 분석 도구라 할 수 있다. 내적인 면을 분석하는 강점-약점 분석과, 외적 환경을 분석하는 기회-위협 분석으로 나누기도 하며 긍정적인 면을 보는 강점과 기회 그리고 그 반대로 위험을 불러오는 약점, 위협을 저울질하는 도구이다.

보통 X, Y축으로 2차원의 사분면을 그리고 각각 하나의 사분면에 하나씩 배치하여 연관된 사항들을 우선순위로 배치하는 방식으로, 이러한 분석을 통해 정책결정자는 조직이 처한 시장상황에 대한 인식을 할 수 있으며 앞으로의 전략을 수립하기 위한 중요한 자료로 삼을 수 있다.

그러나 그 요소들은 결정하는(identity) 방법에 대하여서는 설명하고 있지 못하는 데 그 문제점이 있다. SWOT 프레임워크 역시 별도의 지침을 두고 있지 않기 때문에 객관적 평가가 원천적으로 힘들며 신뢰성이 떨어지는 단점을 지니고 있기에 정책결정에 있어서 분석기준으로 사용하기에는 상대적으로 부적합하다고 할 수 있다.

이러한 문제점 때문에 SWOT 분석보다는 연구개발사업의 평가문제와 같은 MCDM(다기준의사결정) 문제에서는 MAUT나 AHP가 좀 더 적합한 도구로 평가되고 있다.

3. 다속성효용이론(Multi-Attribute Utility Theory: MAUT)

다속성효용이론(MAUT)은 문제를 구성하는 여러 속성들에 대한 개별적 판단으로 전체 의사결정이 가능하도록 평가자가 느끼는 가치에 적절한 가중치를 부여할 수 있는 조건을 공리적으로 정리한 것이라 할 수 있다(Keeney, 1982; von Winterfeldt & Edwards, 1986).

MAUT의 경우 평가지표의 크기를 점수화하는 경우 비교적 단순하고 신속한 의사결정에 사용할 수 있다는 장점이 있으나 순위(ranking)를 통한 가중치 산정을 통한 요소의 중요도를 반영이 합리적이지 못하다는 단점이 있다. 또한 모든 요소가 독립적이라는 것을 가정하기에 상호의존적 또는 연계 관계에 있는 요소적용에 부적절한 단점이 있다.

1) 다속성 효용함수

다속성 효용함수는 기본적으로 여러 대안의 속성에 대한 독립성의 유무에 의존하며, 아래와 같이 식을 만들 수 있다. 여기서 U는 다속성 효용함수, ui(xi)는 속성 i의 특정 수준 xi에서 평가되는 단일속성 효용함수, ki는 ui(xi)가 U에 기여하는 정도를 나타내는 비례상수(scaling constant)이다.

$$U = k_1 u_1(x_1) + k_2 u_2(x_2) + k_3 u_3(x_3) + \cdots + k_n u_n(x_n)$$

2) MAUT/CVM 적용절차

인터뷰의 설계와 시행은 두 가지 기본적인 다속성가치유도전략을 반영하며 그것은 첫째, 응답자에게 제공되는 정보는 그것이 어떤 내용이든지간에 그들의 결정에 영향을 미칠 것이라는 사실을 인정한다는 것과 둘째, 응답자에게 중요도의 관점에서 순위를 매긴 후 상대적 중요도를 평가하고, 마지막으로 화폐가치로 평가하도록 하는 접근방법을 택했다. 여기에서는 총 5단계를 채택하기로 하며, 그 단계는 〈그림 9-2〉와 같다.

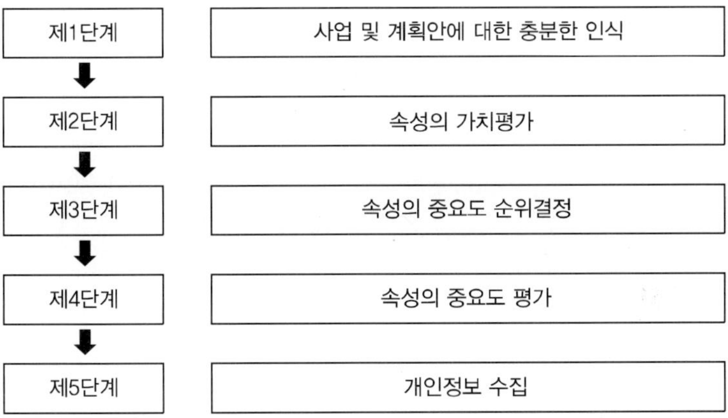

〈그림 9-2〉 MAUT/CVM 적용절차

4. 계층화분석(Analytic Hierarchy Process: AHP)

1) 계층화 분석의 정의

이와는 달리 계층화분석(AHP)은 평가자가 선택할 수 있는 여러 가지 대안들은 체계적으로 순위화시키고, 그 가중치를 비율척도(ratio scale)로 도출하는 방법을 제시하는 방식을 취하고 있다(Saaty, 1980). 특히 AHP는 결과에 대한 일관성지수를 계산할 수 있어 평가결과에 대한 신뢰성을 정량화할 수 있다는 장점을 갖고 있다.

특히 쌍대비교의 일관성 검정을 통한 오류정보의 배제 및 요소의 중요도에 대한 객관성, 신뢰성을 지니는 등 문제평가에 대한 일관성이 매우 높다. 따라서 복잡도가 높아 문제를 계층적으로 세분화하여 해결해야 하는 문제나 객관적이고 정밀한 의사결정을 요하는 문제 등에 적용할 수 있다.

AHP는 토마스 사티(Thomas L. Saaty) 교수에 의해 제안된 방법으로 의사결정자의 목적을 정확히 파악하고 관련 요소들을 계층적으로 분해 · 조정함으로써 의사결정자가 최선의 선택을 하기 위한 정보를 제공하는 방법이라 정의할 수 있다. 특히, 의사결정자가 우선순위의 가치를 판단하기 어렵거나 부정확한 상황을 명확하게 해 줌으로써 의사결정자의 판단을 어느 곳에 적용시켜야 하는 점을 알려 주는 장점이 있다. 결국, 의사결정자에게 복잡한 의사결정 문제의 구조를 보다 쉽게 이해시킬 수 있으며, 문제해결을 위한 방안을 강구하는 데 있어서 도움을 준다.

AHP는 주관적인 판단을 이른바 시스템 분석의 방법론으로 끌어들여 문제해결 지향적인 의사결정을 하도록 하는 데 목적을 두고 있다.

계층화 분석 (Analytic Hierarchy Process: AHP) → 문제의 구조화(problem decomposition and model structuring)

2) AHP 기법의 개요

AHP 기법의 가장 큰 특징은 문제를 구성하는 다양한 평가요소들을 주요

요소와 세부 요소들로 나누어 계층화하고, 계층별 요소들에 대한 쌍대비교(pair-wise comparison)를 통해 요소들의 상대적 중요도를 도출하는 데 있다. 이 기법은 인간의 사고와 유사한 방법으로 문제를 분해하고 구조화한다는 점, 그리고 평가요소 사이의 상대적 중요도와 대안들의 선호도를 비율척도(ratio scale)로 측정하여 정량적인 형태로 결과를 도출한다는 점에서 그 유용성을 인정받고 있다. 뿐만 아니라 간결한 적용절차에도 불구하고 척도선정, 가중치 산정절차, 민감도 분석 등에 사용되는 각종 기법이 실증분석과 엄밀한 수리적 검증과정을 거쳐 채택된 방법들을 활용한다는 점에서 이론적으로도 높게 평가받고 있다.

이러한 장점 때문에 1977년 사티(Saaty)에 의해 수행된 수단(Sudan)의 교통시스템 설계 문제를 비롯하여 신기술선택의 문제, 병원서비스시스템의 설계, 정치적 분쟁해결 문제 등 다양한 분야에서 활용되어 왔다.

AHP 기법은 공공투자사업의 정성적인 특성을 평가에 반영하고, 평가에 참여한 연구진의 전문적 판단을 적절히 유도해 낼 수 있는 방법이다. 예비타당성조사가 본 타당성조사의 전 단계로 짧은 기간 내에 적은 예산으로 수행되는 점을 고려할 때, 절차가 간결하면서도 복잡한 의사결정 문제를 체계적으로 분석하게 해 주는 AHP 기법은 그 의의가 크다고 하겠다. 예비타당성조사의 종합평가 수행함에 있어 AHP 기법이 갖는 의의를 정리해 보면 다음과 같다.

첫째, 사회적 합의의 도출을 유도하고 그 과정을 명확히 밝힌다. 의사결정과정을 구조화함으로써 공공투자사업에 대해 사회적으로 인정된 가치를 객관적으로 수렴하여 사회적 합의의 도출을 유도할 수 있다. 또한 평가항목별 조사 결과를 종합하여 최종판단을 내리는 과정과 근거를 명확히 밝힘으로써 제3자가 그 종합판단의 합리성과타당성을 평가할 수 있도록 한다.

둘째, 공공부문 투자결정에 대한 신뢰성을 확보한다. 지금까지는 '정치적 고려 또는 평가자의 자의적 판단에 따라 공공투자사업이 시행된다'는 비판이 있어 왔다. 이와 같은 비판은 한편으로 과거 권위주의적 행정수행 방식이 스스로 초래한 측면이 있고, 다른 한편으로는 공공투자사업 관련 의사결정을 위한 일관된 기준이 없었기 때문에 야기된 측면이 있다. 이 같은 비판을 극복하기 위해서는 일관된 기준을 여러 가지 사업에 그리고 장기적으로 적용함으로써 공공부문 투자결정에 대한 신뢰를 높여야 한다.

셋째, 사업 간의 평가오차를 줄인다. 종합평가 단계에서 각 평가자는 해당 사업의 특수성뿐만 아니라 다른 사업들과 공통되는 기본적인 판단기준들을 이용하여 의사결정을 수행하게 된다. 예를 들어, B/C 비율의 경우에는 대부분의 사업들이 중요한 판단 기준으로 사용하고 있는데, 동일한 B/C 비율을 사업에 따라 상이하게 해석하는 경우에는 사업 간 평가오차가 커질 우려가 있다.

다기준분석에서는 이러한 점을 고려하여 사업 간 평가오차를 최소화 할 수 있는 객관적 기준을 제시함으로써 동일한 기준에 대한 해석의 다양성으로 인한 사업평가의 비일관성을 줄일 수 있다.

넷째, 후속사업에 대한 평가의 자료로 활용된다. 일단 다기준분석 모형을 통해 하나의 표준안이 제시되면, 그것은 일종의 귀무가설(null hypothesis)로서의 위상을 갖는다. 즉, 모든 사업에 이 표준안을 적용하는 것을 원칙으로 하여, 이 표준안을 수정해 적용해야만 하는 지역의 특수성 또는 사업의 특수성이 입증되지 않는 한 동일한 기준을 적용한다.

이것은 평가시기가 달라질 때 유사사업에 대한 평가의 편차가 커지는 문제점을 보완하는 기능을 한다. 일반적으로 AHP 기법은 [표 9-1]과 같은 절차를 거쳐 수행된다.

[표 9-1] MAUT와 AHP의 장단점 비교

구분	MAUT
장점	- 평가대상 구성이 단순한 경우 적용용이 - 신속한 평가가능 - 새로운 평가안 생성시 적용용이
단점	- 평가요소 최대·최소구간 필요 - 가산모형에 국한 - 요소의 중요도 충분히 반영 못 함
적용분야	- 하위 속성간에 독립성이 가정되는 문제 - 효용함수 구성을 통한 평가의 적용
	AHP
장점	- 문제 계층화·세분화하여 체계적으로 접근 - 오류정보의 유입을 방지하는 기능보유 - 요소 중요도의 객관성, 신뢰성 지님 - 문제 전체에 대한 평가의 일관성 보유
단점	- 계산이 복잡하고 S/W 적용필요 - 평가요소(대안수) 증가에 따라 쌍대비교 급증 - 새로운 대안 생성시 AHP문제 다시적용
적용분야	- 계층구조가 복잡한 문제 - 일관성 측정이 중요한 대상

출처: 오정훈 · 곽승준(2003)

3절 / 문화시설의 가치추정 연구

1. 문화시설

3절에서는 박현 · 유경준 · 곽승준(2004)의 연구를 중심으로 문화시설에 대한 가치추정이 실제로 어떻게 이루어지고 있는가를 살펴보고자 한다.[147]

경제적 관점에서, 문화시설은 공연과 같은 문화예술이라는 서비스를 생산하는 데 필요한 하나의 생산요소(input)라고 할 수 있다. 문화시설에 대한 정부의 지원은 문화예술이라는 생산물 혹은 상품에 대한 생산비를 감소시키는 효과를 갖는다. 경제학적 관점에서 문화예술 분야에 대한 정부의 지원을 정당화하는 근거는 이 분야에서 흔히 발생할 수 있는 시장실패 때문이다. 문화화예술 분야에서 발생할 수 있는 시장실패는 첫째, 문화예술의 생산과 소비에 있어 발생하는 외부경제의 편익과 둘째, 문화예술의 선택가치(option value), 존재가치(existence goods), 유산가치(inheritance value) 등 시장이 형성되기 어려운 수요라는 점, 그리고 마지막으로 개인의 소비가 개인의 편익을 넘어서는 일종의 공공재적 성격과 같은 요인에 의해 발생한다고 본다.

무엇보다도 이러한 논의의 배경에는 문화예술관련 재화나 서비스가 소위 '가치재'의 성격이 강하다는 시각에서이다. 가치재(merit goods)란 비록 사회구성원의 수요가 없거나 적다하더라도 공급되어야 바람직하다고 판단되는 재화나 서비스로서, 대체로 상당한 비용이 소요되며 각종 미술전시회, 오페라, 음악회와 같은 문화와 관련된 것들이 여기에 속한다(Musgrave, 1959).[148]

문화예술에 정부가 개입하는 또 하나의 근거는 현재의 소득분배가 불균등하다는 전제에서 출발한 형평성 차원의 접근이다. 즉, 사회구성원의 일부는 지금의 소득수준으로 적절한 수준의 문화예술을 즐기기 어려운 상황에 있다는 것이다.

정부의 문화예술분야 지원에 대한 논거를 정리하면 ① 외부효과 ② 후천적

---

147 이 절은 박현·유경준·곽승준(2004)의 『문화시설의 가치추정 연구』를 사례로 요약 정리한 것이다.

148 R. A. Musgrave(1959), *The Theory of Public Finance. McGraw-Hill.*

으로 습득된 기호(acquired taste) ③ 문화·예술산업의 고유특성 ④ 문화예술 소비의 계층 간 형평성 제고 등을 들 수 있다.

2. 문화시설의 가치추정 방법론

일반적으로 재화나 서비스의 가치는 시장에서 거래를 통해서 결정되지만, 공공재나 외부효과가 큰 경우는 시장가격이 재화의 잠재가격을 제대로 반영하지 못한다. 이 경우에는 해당 재화에 적합한 가치추정방법을 적용해야 한다. 특히, 가치재적 성격이 강한 재화의 가치를 추정한다는 측면과 향후 공공부문이 건설할 시설의 사전적 가치를 추정한다는 측면을 고려하면, 문화시설의 가치추정은 '비시장재화의 가치추정 방법론'을 적용할 필요가 있다.

비시장재화에 대한 가치를 측정하는 방법에 대한 연구는 선택하는 기준에 따라 다양하다. 사람들의 행동에서 가치추정에 해당하는 정보를 직접 얻는 방법이 있고, 직접적이든 간접적이든 화폐적가치를 추정하는 방법이 있다. 첫번째 기준에 해당하는 방법론으로는 여행비용접근법(Travel Cost Method : TCM), 헤도닉 가격기법(Hedonic Price Technique : HPT) 등이 있으며, 두번째 기준에 해당하는 방법은 조건부가치측정법(Contingent Valuation Method : CVM), 컨조인트 분석법이 있다.

이러한 방법은 다시 사전적, 사후적인 가치추정방법론으로 구분할 수 있다. 사전적인 가치추정방법론은 조건부가치측정법과 컨조인트 분석법으로, 사후적인 가치추정방법론으로는 여행비용 접근법과 헤도닉 가격기법으로 나눌 수 있다.

이처럼 다양한 비시장재화의 가치추정방법론 중 문화시설의 가치추정에 적용 가능한 방법은 연구대상이 여가활동과 관련 있다는 점에서 여행비용

접근법을 고려할 수 있으며, 가치추정목적이 사전적인 성격을 갖는다는 점에서 조건부가치측정법 그리고 컨조인트 분석법 등을 고려할 수 있다.

1) 박물관 시설의 가치추정

박물관의 가치를 고려할 때 단순히 박물관을 직접 관람함으로써 얻게 되는 사용가치만으로는 박물관에 대한 가치를 과소평가하기 쉽다. 따라서 박물관의 가치를 추정하기 위해서는 지금 당장은 관람계획이 없더라도 향후 이용할 가능성을 가정한 선택가치, 비록 박물관을 관람하지 않더라도 박물관이 존재하는 것 자체를 중요시하는 존재가치, 그리고 후손에게 박물관이 주는 혜택을 물려주기 위한 유산가치 등 비사용가치를 고려해야 한다.

박물관은 규모와 전시품에 따라 유형이 다양하기 때문에 이러한 특성을 고려하여 박물관을 구성하는 속성별로 가치를 추정할 수 있다. 따라서 다양한 대안에 대해 적용이 가능한 컨조인트 분석법이 박물관이라는 문화시설의 건설에 대한 편익추정에 적합한 방법이라 판단된다.

(1) 속성의 수준 및 범위 결정

박물관의 속성은 박물관의 면적, 유물의 성격, 유물의 수, 유물의 질, 박물관을 관리하는 학예사의 수, 예산 등 다양하지만, 박물관의 공익적 가치추정을 위해 박물관 연면적, 유물의 종류, 유물의 질, 접근 용이성, 전시 외 주요 프로그램, 가격의 6개 속성을 사용하였다. 또한 가격 속성을 제외한 모든 변수들은 관련 전문가의 의견을 종합하여 순차적으로 증가하는 세 가지 수준을 표현하였다. 이렇게 3~4개의 수준으로 구성된 5개의 속성들은 컨조인트 분석법의 설계를 위한 기본 요소가 된다. [표 9-2]는 박물관 최종 속성들의 수준과 그 범위이다.

[표 9-2] 박물관 속성과 그 수준 및 범위

속 성	표현방식	수준 및 범위
박 물 관 연 면 적	박물관 건물의 전체 면적	Level 1 · 10,000(평) Level 2 · 25,000(평) Level 3 · 40,000(평)
유 물 의 종 류	박물관에 전시되는 유물의 다양함	Level 1 · 특정 시대 또는 지역 유물 Level 2 · 시대·지역별 유물전시 Level 3 · 종합전시
유 물 의 질	대표적인 유물의 수준	Level 1 · 지방 문화재급 수준 Level 2 · 보물급 수준 Level 3 · 국보급 수준
접 근 용 이 성	박물관 방문 시 이용 가능한 교통수단	Level 1 · 자가용만 가능 Level 2 · 시내버스, 자가용 Level 3 · 버스, 지하철, 자가용
전 시 외 주 요 프로그램	전시이외 박물관에서 제공하는 프로그램	Level 1 · 없음 Level 2 · 교육프로그램 Level 3 · 교육 + 문화프로그램
추가적인 가 구 당 소 득 세	박물관 신축을 위해 매년 추가로 지불할 가구당 소득세	Level 1 · 1,000(원) Level 2 · 2,000(원) Level 3 · 3,000(원) Level 4 · 4,000(원)

(2) 선택대안집합의 구성

박물관의 가치추정을 위해 적용되는 컨조인트 분석법은 필수적으로 자료생성과정을 거치는 일종의 구조화된 방법이다. 이 단계는 여러 속성변수와 수준들로 구성된 박물관 대안들이 응답자 선택확률에 영향을 주도록 선택대안집합(choice sets)을 설계하는 것이며, 하나의 진실험연구설계법(experimental design)에 의존한다. 여기서는 응답자들이 제시된 여러 대안들에 대해 1개의 대안을 선택하는 행위로부터 개별 속성변수들의 수준 변화에 따른 가격효과들을 분리해 내기 위해 직교설계(orthogonal main effects design) 방법을 사용하였다. 직교설계방법은 실제 분석에서 속성들 간의 높은 상관관계가 문제가 되는 것으로 알려진 현시선호 확률효용모형의 단점을 개선하는 장점을 갖는다.

(3) 추정모형

컨조인트분석법은 조건부가치측정법과 마찬가지로 박물관시설의 공익적 가치에 대한 각 응답자들의 속성별 지불 의사액을 추정하기 위해 확률효용모형(random utility model)을 이용하여 정형화할 수 있다. '다항로짓모형(multinominal logit model)'은 문화과학시설 건설에 의해 발생하는 다양한 편익속성변수들이 어떻게 응답자의 선택확률에 영향을 주는지를 모형화하는데 있어 통계적인 체계를 제공한다.

박물관 시설의 공익적가치를 측정하기 위해 아래의 모형을 설정하였으며, 여기서 간접효용함수는 박물관의 속성변수들(박물관 연면적, 유물의 종류, 유물의 질, 접근 용이성, 전시 외 주요 프로그램, 가격)의 선형함수로 표현된다.

$$V_{ij} = \beta_0 + \beta_1 Z_{1,ij} + \beta_2 Z_{2,ij} + \beta_3 Z_{3,ij} + \beta_4 Z_{4,ij} + \beta_5 Z_{5,ij} + \beta_6 Z_{6,ij}$$

또한 위 식을 전미분함으로써 한계지불의사액(MWTP)을 구할 수 있다.
※ MWTP(Marginal Willingness-To-Pay)

$$MWTP_{박물관연면적} = dZ_6/dZ_1 = \beta_1/\beta_6$$

$$MWTP_{유물의종류} = dZ_6/dZ_2 = \beta_2/\beta_6$$

$$MWTP_{유물의질} = dZ_6/dZ_3 = \beta_3/\beta_6$$

$$MWTP_{접근용이성} = dZ_6/dZ_4 = \beta_4/\beta_6$$

$$MWTP_{전시회주요프로그램} = dZ_6/dZ_5 = \beta_5/\beta_6$$

2) 추정결과의 활용방안

(1) 가상의 박물관에 대한 공익적가치산정

각 속성별 한계지불의사액을 통해 가상의 박물관 대안에 대한 가구당 연간 WTP를 구할 수 있다. 예를 들어, 모든 속성들이 세 번째 수준으로 구성된 가상의 박물관 대안을 가정하면, 이에 대한 가구당 연간 WTP는 [표 9-3]과 같이 17,444원으로 계산된다. 한편 연구에 필요한 응답표본은 성, 지역 등을 고려하여 전국 5대 도시 전체의 가구를 대표할 수 있도록 구성하고 전문 조사기관이 설문조사를 수행하였다.

[표 9-3] 가상 박물관 공익적 가치선정

속성	박물관 속성 수준	지불의사액
박물관 연면적	40,000평	6,416원
유물의 종류	3수준	3,813원
유물의 질	3수준	3,303원
접근 용이성	3수준	2,256원
전시 외 주요프로그램	3수준	1,656원
지불의사액 합계		17,444원
연간 공익적가치(향후 5년간)		2,510.4억 원

연구결과는 736가구의 표본으로부터 추정되었지만 전국 전체 가구로 확장될 수 있다. 가상의 박물관에 대한 연간 공익적가치는 응답 가구당 연간 WTP

에 전국 전체 가구 수 14,391,374(2000년 기준, 통계청)를 곱하여 계산할 수 있으며, 이렇게 계산된 가상의 박물관에 대한 공익적가치는 연간 약 2,510.4억 원(향후 5년간)에 달한다.

(2) 현존하는 박물관에 대한 공익적가치

이러한 한계지불의사액을 통해 가상의 박물관뿐 아니라 현존하는 박물관의 가치도 계산할 수 있으며, 실재하고 있는 국립중앙박물관의 경우도 [표 9-4]와 같은 결과를 얻을 수 있다.

[표 9-4] 국립중앙박물관 공익적 가치선정

속성	국립중앙박물관	지불의사액
박물관 연면적	40,000평	882원
유물의 종류	3수준	3,813원
유물의 질	3수준	3,303원
접근 용이성	3수준	2,256원
전시 외 주요프로그램	3수준	828원
지불의사액 합계		11,082원
연간 공익적가치(향후 5년간)		1,594.9억 원

(3) 연구결과의 적용

컨조인트 분석법은 특정한 대상에 대한 설문조사 결과를 바탕으로 가치를 측정할 수밖에 없는 조건부가치 추정(CVM)과는 달리 가상적인 다양한 대안에 대해서도 그 편익을 추정할 수 있는 적용력을 가지고 있어, [표 9-5]와 같이 각 속성의 수준별 지불의사액을 구할 수 있다. 따라서 이 결과를 이용하여 최고 수준의 박물관과 실재하고 있는 국립중앙박물관이 가지는 공익적가치뿐만 아니라 향후 건설을 계획 중인 박물관에 대해서 사전적으로 그 공익적 가치를 구할 수 있다.

[표 9-5] 박물관 속성과 그 수준 및 범위

속성	수준 및 범위	지불의사액
박물관 연면적	박물관 연면적 1평	0.1604(원)
유물의 종류	Level 1 · 특정 시대 또는 지역 유물 Level 2 · 시대·지역별 유물전시 Level 3 · 종합전시	1,271(원) 2,542(원) 3,813(원)
유물의 질	Level 1 · 지방문화재급 수준 Level 2 · 보물급 수준 Level 3 · 국보급 수준	1,101(원) 2,202(원) 3,303(원)
접근용이성	Level 1 · 자가용만 가능 Level 2 · 시내버스, 자가용 Level 3 · 버스, 지하철, 자가용	752(원) 1,504(원) 2,256(원)
전시외 주요 프로그램	Level 1 · 없음 Level 2 · 교육프로그램 Level 3 · 교육 + 문화프로그램	0(원) 828(원) 1,656(원)

4절 / 예비타당성조사의 사례

4절에서는 문형표(2009)가 연구한 『김연아 빙상경기장 건립사업』을 중심으로 비용편익분석이 활발하게 응용되고 있는 예비타당성조사의 진행과정을 분석 기법과 함께 검토해 보고자 한다.[149]

149 이 절은 문형표(2009)의 『김연아 빙상경기장 건립사업』을 요약·정리한 것이다.

1. 예비타당성조사의 개요

'김연아 빙상경기장' 건립사업은 우리나라에 부족한 빙상경기장 건립을 통해 세계수준의 빙상선수를 지속적으로 육성하기 위한 기틀을 마련하고, 김연아의 업적을 기념하여 군포시를 '피겨메카도시'로 성장시키려는 목적에서 시작되었다.

이 사업은 연면적 50,000m², 지상 3층, 지하 1층의 규모로 건설되며, 총사업비 1,370억 원으로 2010~2016년까지 문화체육관광부와 경기도, 군포시의 주도로 건립될 예정이다.

하지만 이 사업은 서울목동 아이스링크, 고양시 빙상경기장, 고려대학교 아이스링크 등 기존 수도권 지역에 이미 존재하는 빙상경기장 등의 이용도와 국제동계올림픽 유치를 위해 강원도 강릉시에 국제경기장 규모의 빙상경기장 건설 추가 건립에 대한 필요성 등을 함께 검토하여 사업의 중복 및 과잉투자 여부를 검토한 후 추진해야 할 필요성을 가지고 있다.

2. 기초자료 분석 및 예비타당성조사의 주요 쟁점

1) 주요쟁점

(1) 빙상경기장 건립의 필요성과 시급성

현재 수도권 지역에는 김연아 빙상경기장과 같은 시설들이 이미 몇 개가 있기 때문에, 이 시설들의 이용도에 따라 새 경기장의 건립의 필요성과 시급성은 달라질 수 있다. 또한 강원도 강릉시에 국제동계올림픽을 대비한 국제규격의 빙상경기장 건설을 추진하고 있기 때문에 대규모 시설의 추가 건립에 대한 필요성을 신중하게 검토해야 한다.

(2) 방법론의 타당성

이 사업에 대한 예비타당성조사에서는 사업을 추진, 완성함으로 인해 생기는 편익을 조건부가치평가모형(CVM)을 적용하여 추정한다.

이 방법은 일종의 가상 상황에 대한 지불의사를 통해 가치를 추정하는 것이다. 따라서, 편익의 실현가능성과 같은 다소 주관적이기 쉬운 가치판단의 정보를 포함하는 경우 적절하지 못한 추정이 이루어질 수 있는 단점이 있다. 그러나 이러한 단점은 빙상경기장을 건립하려는 사업계획에 제시된 정보를 객관적으로 제공하고, 제시된 계획의 확실성을 가정함으로써 해결할 수 있다.

(3) 시설규모의 적정성

이 사업은 기존에 운영 중인 서울 목동아이스링크(14,700m^2)와 고양 어울림누리얼음마당(15,404m^2)과 비교할 때 연면적이 3배 이상인 50,000m^2 규모로 건설된다.

그러나 김연아 빙상경기장은 빙상경기장으로서의 역할뿐 아니라 수영장을 포함한 생활체육시설이고, 전시시설 등을 갖춘 일종의 복합건축물의 성격을 갖는다. 따라서 김연아 빙상경기장의 규모는 군포시의 체육시설현황과 도시개발계획을 비롯한 주변 지자체의 체육시설현황을 고려하여 적정 규모를 산정하는 것이 바람직하다.

또한 김연아 빙상경기장의 공사비는 빙상경기 연습장과 국제경기라는 특수한 사업 목적이 있음을 고려하고 일반 체육시설과는 다를 수 있다는 점을 반영, 빙상경기장과 생활체육시설을 구분하여 공사비를 산정할 필요가 있다.

(4) 예비타당성조사 순서도

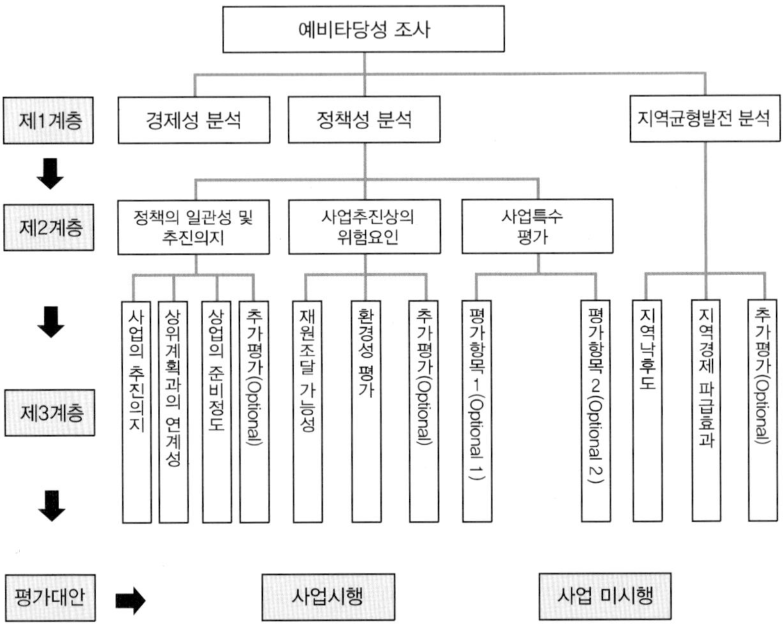

3. 정책제언

1) 사업의 쟁점사항 검토: 재원조달 가능성

2007년 당시 군포시의 결산규모를 세부 항별로 살펴보았을 때, 결산액 중 사업 예산은 1,600억 원 정도이며, 이 중 보조사업이 9백억 원, 자체사업이 7백억 원 정도였다. 따라서 군포시는 향후 3~4년간 김연아 빙상경기장 건립에만 1,000억 원을 부담해야 한다. 이는 실제 지출할 수 있는 재정규모를 감안하면, 연간 재정지출의 상당부분을 이 사업에 투자해야 한다는 것을 의미한다. 또한 국비지원 역시 '보조금의 예산 및 관리에 관한 법률'에 의거한 것으로,

부지매입비를 제외한 사업비의 30%를 지원받을 수 있다고 되어 있으며 이는 균특회계에서 매년 포괄적으로 지원을 받는 것이다. 그러나 균특예산을 모두 이 사업에 사용하기는 어려우며, 이러한 부담은 결국 사업의 규모 조정 등을 통한 사업비 경감으로 이어지기 쉽다.

2) 사업의 쟁점사항 검토: 규모의 적정성

이 사업의 조정안은 조정안, 조정안(Ⅱ), 조정안(Ⅲ)로 구분되며, 조정안은 문화관광부와 군포시의 사업계획안을 바탕으로 일부 규모에 대해 조정한

[표 9-6] 사업조정안

(단위: 천 원)

<table>
<tr><th colspan="2">구 분</th><th>조정안</th><th>조정안(Ⅱ)</th><th>조정안(Ⅲ)</th><th>비고</th></tr>
<tr><td colspan="2" rowspan="2">사업
규모
(연면적)</td><td>49,035m^2</td><td>31,080m^2</td><td>20,090m^2</td><td></td></tr>
<tr><td>• 국제대회개최
가능 빙상경기장
- 링크 2면
- 관람석5,000석
• 대규모
생활체육시설
• 전시시설
• 숙소시설
(정원90명)
• 실내주차장</td><td>• 국제대회개최
가능 빙상경기장
- 링크 2면
- 관람석5,000석
• 중규모
생활체육시설
• 전시시설
• 숙소시설
(정원 40명)</td><td>• 꿈나무 육성용
빙상경기장
- 링크 1면
- 관람석5,000석
• 중규모
생활체육시설
• 전시시설
• 숙소시설
(정원 40명)</td><td></td></tr>
<tr><td rowspan="5">총
사업비</td><td>공사비</td><td>107,040,189</td><td>73,879,712</td><td>47,234,097</td><td></td></tr>
<tr><td>부대비</td><td>10,580,325</td><td>7,599,201</td><td>5,106,855</td><td></td></tr>
<tr><td>용지보상비</td><td>11,824,960</td><td>11,824,960</td><td>11,824,960</td><td></td></tr>
<tr><td>예비비</td><td>12,944,547</td><td>9,330,387</td><td>6,416,591</td><td></td></tr>
<tr><td>계</td><td>142,390,020</td><td>102,634,260</td><td>70,582,503</td><td></td></tr>
<tr><td rowspan="3">경상
운영비</td><td>인건비</td><td>1,488,000</td><td>1,282,000</td><td>1,117,000</td><td></td></tr>
<tr><td>제경비</td><td>4,800,000</td><td>3,708,400</td><td>2,181,400</td><td></td></tr>
<tr><td>계</td><td>6,288,000</td><td>4,990,400</td><td>3,298,400</td><td></td></tr>
</table>

것이며, 조정안(Ⅱ)는 조정안 중 생활체육시설을 중심으로 불필요하거나 과도하게 책정된 규모를 일부 조정하였다. 조정안(Ⅲ)은 군포시의 재정부담과 인근 빙상시설의 현황, 그리고 향후 동계올림픽의 가능성을 고려한 것이다. 조정안(Ⅲ)은 김연아 빙상경기장이 완공될 시점에는 김연아 선수가 은퇴할 가능성이 있으며, 이 경우 5,000석 규모의 경기장이 얼마나 활용도가 있을 것인가에 대한 의문과, 평창동계올림픽이 유치될 경우 강원도에 12,000석 규모의 빙상경기장이 2면, 7,000석 규모의 빙상경기장이 1면 건설되는 상황에서 국제경기를 군포시에 유치하기 위하여 설립한 5,000석 규모의 빙상경기장은 그 활용가치가 떨어질 것이란 판단으로 인해 규모를 조절한 것이다.

3) 제언

이 사례에서는 특정 사업의 필요성, 시급성, 규모의 적정성 등을 예비타당성조사를 통해 평가하는 것이 분석의 초점이었다. 우선, 사업의 규모와 비용 측면을 살펴보면 사업의 규모는 주변의 빙상경기장에 비해 3배 이상의 크기를 가지고 있으며, 특히 사업제안자가 제시한 지역 체육시설의 계획안은 문화관광체육부의 '공공체육시설 균형배치 중장기 계획'에 제시된 적정규모에 비해 다소 과다하게 산정된 면이 있다. 예비타당성조사 결과를 바탕으로 재검토한 결과 사업제안자의 제시안보다 연면적을 축소하고 총 사업비가 약간 증가하는 정도에서 재검토되고 사업운영비는 연간 62.8억 원이 소요될 것으로 추정되었다.

사업에 대한 경제성 분석은 예비타당성조사지침에 의거하여 조건부가치추정법(CVM) 방식에 의한 가치추정을 시행하였다. 이에 총 편익, 총 편익의 현재가치, 총 비용의 현재가치를 통해 B/C 비율이 1.05로 계산되었다. 그러나 이렇게 높게 추정된 B/C 비율은 CVM 조사방식의 기본적 한계로 볼 수 있다.

설문조사가 실시된 시기는 김연아가 2009년 특정 대회에서 우승한 직후로, 김연아 선수를 비롯하여 빙상에 대한 국민들의 관심이 고조된 시기였다. 따라서 추정된 지불의사(WTP)는 빙상장이나 생활체육시설 자체보다는 김연아 선수 개인에 대한 높은 관심도에 의해 영향을 받았을 가능성이 크며, 이런 이유로 추정된 WTP를 단순히 빙상장이나 생활체육시설에 대한 경제적가치를 이해하고 고려했다고 판단하기에는 특별한 주의가 필요하다.

이 사업에 대한 분석은 지역균형발전효과와 함께 재원조달가능성과 규모의 적정성에 초점을 두었다. 지역균형발전효과 측면에서 볼 때 전반적으로 군포시는 전국 지방자치단체 발전정도를 비교한 결과 상위권을 차지하여 이 사업이 지역균형발전에 크게 기여하고 있다고 보기 어렵다.

또한 지역 경제 활성화 효과도 타 예비타당성조사사업의 결과에 비해 낮게 나타났다. 재원조달 가능성에서도 군포시가 분담해야 하는 부분이 현재 군포시의 재정상황에 비해 부담이 큰 것으로 나타났다. 국비지원에 있어서도 매년 같은 금액을 일정하게 받을 수 없고, 지원 받은 금액 또한 이 사업에만 투자할 수 없기 때문에 사업비의 조정이 필요한 것으로 나타났다.

마지막으로 두 번째 사례의 예비타당성조사에서는 사업의 규모적정성에 대한 검토(조정안)를 토대로 두 가지의 조정안을 제시했다. 조정안(Ⅱ)는 생활체육시설부문을 상위지침에 부합되도록 규모를 축소 조정하고, 빙상경기장 부분은 초기 사업계획대로 국제빙상경기의 유치가 가능하도록 대규모 시설을 건립하는 방안이며, 조정안(Ⅲ)은 생활체육시설 및 빙상경기장의 두 부분을 축소하여 빙상 꿈나무 육성을 위한 빙상경기장의 규모로 재조정한 것이다.

이 조정안들에 대한 비용을 추정한 결과 초기 사업계획에 비해 총 사업비가 감소하는 것으로 산정되었으며, 경상운영비도 거의 비례적으로 감소하여 재정적 부담이 어느 정도 완화될 것으로 나타나 사업규모를 축소하여 조정할 필요성을 제시하고 있다.

요약하면, 김연아 빙상경기장 건립 사업의 경우 어느 정도 경제성은 있지만 군포시의 재정조달가능성 등에 대한 우려 때문에 사업의 타당성은 낮은 것으로 나타났다. 김연아 빙상경기장 건립 사업의 예비타당성조사 결과는 사업추진에 있어서는 경제적 측면뿐만 아니라 다양한 정책적 고려도 병행할 필요가 있음을 보여 주고 있다.

제10장 | 한계[150]

비용편익분석은 현시선호이론(revealed preference theory)을 바탕으로 정책대상자의 지불의사금액을 측정해서 특정 정책의 효율성을 평가하는 방법론이다. 정부는 매년 수많은 공공사업을 시행하는데 사업의 타당성은 편익에서 비용을 뺀 순편익, 혹은 비용 대비 편익의 비율을 통해 평가한다. 그럼에도 불구하고 그동안 행정학 분야에서는 비용편익분석을 이론적 측면에서 논의한 논문이 드물었다. 현실에서 비용편익분석이 정책을 평가하는 유용한 도구로 활용됨에도 불구하고 학문적인 논의의 대상에서 제외되어 왔다는 것은 아이러니(irony)이다.

이러한 현상이 나타난 원인으로 두 가지를 생각할 수 있다. 첫째, 비용편익분석은 경제학의 한 분야인 후생경제학을 바탕으로 성립된바, 효용, 지불의사금액, 파레토 효율성, 칼도-힉스 보상 등의 개념이 비용편익분석 과정에서 사용된다. 이러한 개념들에 대한 거부감이 원인일 수 있다.

둘째, 일반적으로 형평성은 효율성과 함께 정책을 평가하는 기준인데 행정학은 효율성보다는 형평성을 중시하는 반면, 후생경제학의 철학적 기반인

---

150 이 장은 저자가 2011년 한국이론행정학회 창립 기념 학술회의에서 발표한 “공익, 공리주의, 그리고 비용편익분석: 비용편익분석의 유용성에 관한 비판적 검토”를 요약, 정리한 것이다.

공리주의는 효용 혹은 후생에 절대적인 가치를 부여한다. 행정학의 공익관이 도덕주의에 가깝다면 비용편익분석은 공리주의적 공익관을 전제한다. 공익을 정의하는 데 있어서 행정학과 비용편익분석은 충돌할 수 있다.

이 장의 내용은 특정 정책이나 사업에 대한 구체적인 비용편익분석이 아니다. 여기서는 공익, 공리주의, 그리고 비용편익분석의 관계를 이론적 측면에서 규명하고 이를 바탕으로 비용편익분석의 유용성을 비판적으로 검토한다. 공익에 대한 정의는 다양한데 여기서는 공리주의적 공익관을 중심으로 논의를 전개한다. 왜냐하면 비용편익분석의 이론적 바탕은 후생경제학이고 후생경제학의 철학적 기반은 공리주의이기 때문이다.

1절에서는 비용편익분석을 개관하는데 중심 개념은 지불의사금액이다. 지불의사금액은 비용편익분석과 공리주의를 연결하는 핵심적인 개념이다. 2절에서는 '공익이란 무엇인가'라는 문제에 대해 논의하고 공리주의적 공익관에 대해서도 기술한다. 3절에서는 비용편익분석의 이론적인 장점과 단점을 논하는데 이를 비용편익분석에 대한 비판적 검토라고 할 수 있다. 끝으로, 윤리이론으로서 비용편익분석의 가능성을 모색하는데 듀이(Dewey)의 실용적 현명함(practical intelligence)과 리처드슨(Richardson)이 제시한 천부적인 권리를 중심으로 논의를 전개한다.

1절 / 비용편익분석의 특징

비용편익분석에서 개인은 잘 정의된 선호(well-defined preference)를 가지는 것으로 가정한다. 여기서 '잘 정의된'이 의미하는 바는 개인의 선호가 경제학의 몇 가지 가정을 충족시킨다는 것이다. 잘 정의된 선호를 가지고 있는 개인은 확실성이 지배하는 상황과 위험이나 불확실성이 존재하는 상황에서 최적의 대안을 선택한다. 이론적으로 개인의 선호는 효용함수를 통해 숫자로 표시할 수 있는데 비용편익분석에서는 화폐 단위로 측정되며 이를 지불의사금액이라고 한다.

가능한 모든 정책이나 사업에 대해 개인의 선호가 정의되고 개인이 보유한 자산과 재화를 w와 x라고 하면 개인의 효용함수는 U(w, x)가 된다. 또한, 정부가 특정 사업을 시행하면 개인의 자산과 재화는 (w, x)에서 (w′, x′)로 변한다. 왜냐하면 개인은 특정 사업으로부터 이득을 얻을 수도 손실을 입을 수도 있기 때문이다. 정부사업에 대한 개인의 지불의사금액(m)은 아래의 식 (10.1)과 같이 정의된다.

식 (10.1)의 왼쪽은 특정 사업이 시행되기 전의 효용을, 오른쪽은 정책이 시행되고 그것에 대한 대가를 지불한 경우의 효용을 나타낸다.

$$U(w,x) = U(w' - m,x') \tag{10.1}$$

비용편익분석에서 지불의사금액을 이용한 사회적 순편익의 측정은 두 단계를 거쳐 이루어지는데 사업별로 개인들의 지불의사금액을 추정한 후 이것들을 합산한다. 예를 들어, 사업 A에 대한 개인들의 지불의사금액의 합이 사업 B보다 크면 사업 A의 순편익이 사업 B에 비해 크다고 할 수 있는데 식 (10.2)와 같이 나타낼 수 있다.

$$\sum_{i=1}^{n} m_i(A; w_i, x_i) > \sum_{i=1}^{n} m_i(B; w_i, x_i) \tag{10.2}$$

지불의사금액은 위험이나 불확실성이 존재하는 경우에도 측정이 가능하다. 다음과 같은 사례를 생각해 보자. 특정 지역에 가뭄(d)이 들 확률이 p, 비가 적절하게 내릴(w) 확률은 1 - p이다. 댐이 없는 경우 주민의 소득은 $_x$d(가뭄이 들 경우) 혹은 x_w(비가 적절하게 올 경우)이고, 댐이 있는 경우에는 y_d(가뭄이 들 경우) 혹은 y_w(비가 적절하게 올 경우)가 된다.

댐이 없을 때와 있을 때의 소득의 차이를 댐의 순편익이라고 한다면 가뭄이 들 경우 댐의 순편익은 $y_d - x_d$, 비가 적절하게 오면 $y_w - x_w$가 된다. 따라서 댐에 대한 개인의 지불의사금액은 아래와 같이 측정되는데 식 (10.3)에서 좌변은 댐 건설에 따른 개인의 기대효용을 나타낸다.[151]

$$pU(y_d - x_d) + (1 - p)U(y_w - x_w) = U(m) \quad (10.3)$$

센(Sen)에 의하면 비용편익분석은 이론적 측면에서 세 가지 요소로 구성된다. 세 가지 구성 요소는 명시적 평가(explicit evaluation), 결과 중심의 평가(consequential evaluation), 그리고 합산주의(adding accounting)이다.[152] 이러한 구성 요소들은 모두 공리주의와 논리적으로 연결된다.

1. 명시적인 평가

합리주의하에서 암묵적인 결론이나 근거가 없는 확신은 배제된다. 개인이

151 불확실성하에서는 객관적인 확률을 알 수 없기 때문에 정책대상자(개인)의 주관적인 확률이나 정책 당국(정부)의 주관적인 확률 중 하나를 기준으로 지불의사금액을 측정해야 한다.

152 이 밖에도 비용편익분석은 평가의 완전성을 가정한다. 편익과 비용을 측정하는 과정에서 모든 가능한 상황들을 비교할 수 있어야 한다.

나 사회가 특정 행위를 할 경우 그러한 행위를 한 이유가 설명되어야 한다. 이러한 의미에서 비용편익분석의 특성 중 하나인 명시적인 평가는 합리주의의 한 측면이다.

공적인 의사결정에 있어서는 사적인 경우에 비해 명시성에 대한 요구가 크다. 공적인 의사결정에 모든 사회구성원이 참여하는 것은 아니지만 특정한 의사결정이 이루어진 이유를 모든 사회구성원이 알아야 하기 때문이다. 행정의 책임성은 정책의 집행에 대해서만 요구되는 것이 아니라 정책의 선택에 있어서도 요구된다. 원칙적으로 비용편익분석에서는 특정 정책의 긍정적, 부정적 영향이 편익과 비용으로 고려되고 이것들을 합산한 순편익의 크기에 의해 의사결정이 이루어지기 때문에 명시성이 충족된다고 할 수 있다.

2. 결과 중심의 평가

비용편익분석에서는 순편익의 크기로 정책의 우선순위를 결정하기 때문에 의도나 목적보다는 결과를 중심으로 정책을 평가하게 된다. 여기서 결과는 단순히 효용, 후생, 정책 목표의 달성 여부만을 의미하는 것이 아니라 마땅히 해야 할 일을 하였는가, 특정가치가 추구되었는가, 중요한 권리에 대한 침해가 있었는가라는 문제를 포함하는 포괄적인 개념이다.

비용편익분석에 있어서 이렇게 결과를 포괄적으로 해석하는 데 대해서는 논란이 있다. 전통적으로 결과주의자들은 결과를 좁게 해석했지만 바람직한 즉, 좋은 결과는 특정한 권리를 침해하거나 의무를 위반해서는 안 된다는 주장도 제기되어 왔다. 결과주의에 반대하는 사람들은 의사결정이 행위의 결과를 중심으로 이루어지는 것에 반대하며 올바른 의사결정은 결과에 상관없이 옳은 것을 행하는 것이라고 주장한다.

결과 중심의 평가는 극대화(maximization) 원칙을 포함한다. 극대화 원칙은 모든 가능한 대안을 비교할 수 있어야 한다는 완전성이나 최고의(best) 대안이 선택되어져야 함을 의미하지 않는다. 극대화 원칙이 의미하는 바는 다른 대안에 비해 열등한 대안이 선택되어져서는 안 된다는 것이다. 두 개의 대안 중에서 어느 것이 우월한지 알 수 없을 경우에는 어떤 대안을 선택하든 극대화의 원칙이 충족된다.

3. 합산주의

비용편익분석에서 사업별로 추정된 순편익의 크기를 바탕으로 의사결정을 한다는 것은 다양한 편익과 비용을 합산함을 의미한다. 이를 합산주의라고 하는데 합산주의로부터 비용편익분석의 두 가지 특성이 파생된다. 하나는 앞에서 언급한 지불의사금액으로 편익을 측정한다는 것이고 다른 하나는 완화된 형태의 파레토 효율성인 칼도-힉스 보상이다.

현시선호이론에 의하면 개인은 주어진 예산제약하에서 자신의 효용이 극대화되는 선택을 하기 때문에 시장에서의 개인의 거래 행위를 관찰하면 선호를 파악할 수 있다. 예를 들어, 어떤 사람이 재화 A를 100원에 구입한다면 그 사람의 효용은 100원 이상이다. 효용이 100원 미만이면 재화를 구입하지 않을 것이다. 이러한 이유로 지불의사금액은 효용을 나타내며 지불의사금액으로 특정 사업의 순편익을 측정하는 것을 시장을 통한 평가 방법이라고 한다.

다만, 개인의 효용함수가 경제학에서 가정하는 것과 다르면 지불의사금액을 통한 사업의 평가는 타당성을 잃게 된다. 죄수의 딜레마(prisoner's dilemma)나 공공재 공급에서 나타나는 무임승차(free riding), 설문 조사를 통한 조건부가치추정법에서 응답자가 자신의 선호를 정직하게 드러내지 않는 문제 등이 대표적인 예이다.

석유 누출로 오염된 바다를 정부가 정화하는 경우를 생각해 보자. 이 사업에는 막대한 비용이 소요된다. 어떤 사람이 정화 사업에 1만 원을 지불하겠다고 대답한다면 이 1만 원이 의미하는 바는 무엇인가?

이 사람이 1만 원을 지불하겠다고 응답한 것은 다른 사람들도 충분한 비용을 지불해서 바다를 정화할 수 있는 경우를 전제한다. 어떤 사람이 자신이 지불하는 1만 원으로 바다를 정화할 수 있다고 생각한다면 이 사람은 애로우(Arrow)의 '무관한 대안으로부터의 독립(independence from irrelevant alternative)'이라는 원칙을 위반하게 된다. 왜냐하면, 실현 가능성이 없는 대안은 고려의 대상에서 제외되어야 하기 때문이다.

이 사례에서 한 개인이 표시한 지불의사금액이 무관한 대안으로부터의 독립이라는 원칙을 위반하지 않기 위해서는 지불의사금액을 표시하기 전에 다른 사람들의 지불의사금액이 얼마인지를 알아야 한다. 그러나 이는 시장을 통한 평가에서는 불가능하다.

개인의 지불의사금액의 합을 순편익으로 간주하는 비용편익분석은 재분배를 가정한다. 특정 사업으로 사회구성원 중 일부가 손실을 입더라도 재분배를 통해 보상해 줄 수 있을 만큼 순편익이 크면 그 정책은 효율적이라는 것이 비용편익분석의 기본적인 아이디어(idea)이다. 이러한 칼도-힉스 보상의 가장 큰 문제점은 실제적인 보상이 아닌 잠재적인 보상 즉, 보상의 가능성이라는 개념이 의미가 있는가라는 것이다.

칼도-힉스 보상의 경우 특정 사업이 시행된 후 재분배가 이루어질 수도 있고 이루어지지 않을 수도 있다. 만약, 실제로 재분배가 이루어진다면 특정 정책의 순편익에 이미 재분배 효과가 포함되어 있기 때문에 보상이라는 개념을 적용할 필요가 없다. 반면, 정책 시행 후 보상이 이루어지지 않는다면 이 정책으로 인해 사회가 개선되었다고 할 수 없다. 두 경우 모두에 있어서 칼도-힉스 보상은 무의미해진다.

2절 / 공리주의 공익관과 비용편익분석

18세기 말 영국에서 시작된 공리주의는 이기적 성향이 강했던 고전적 쾌락주의와는 달리 윤리 이론으로 발전이 가능한 보편적 쾌락주의를 지향하였다. 벤담(Bentham)은 쾌락을 추구하고 고통을 회피하는 인간의 본성을 도덕의 원리로 삼을 수 있다고 주장하였다. 밀(Mill) 역시 행복은 쾌락을 의미한다고 하였으나 쾌락은 단일한 심리적 상태가 아니며 차원이 높은 쾌락만이 진정한 의미의 행복이라고 하였다. 밀의 이러한 해석을 객관주의적 행복관이라고 한다.[153]

밀은 합리적 개인이 자신에 대한 정보와 인지 능력을 소유하고 삶에서의 실험을 통해 자신에게 진정으로 좋은 것을 가려내고 그것을 추구하는 성향을 개별성이라 하고 개별성을 발휘해서 행위를 선택하는 것이 행복의 실현에 필수적이라고 주장하였다. 또한, 합리적인 인간이 차원 높은 쾌락을 추구하는 것은 중립적인 관찰자가 다양한 쾌락을 비교하는 것과 유사하다고 하였다. 밀의 주장을 요약하면, 충분한 정보를 가진 인지 능력이 뛰어난 개인이 관찰자의 입장에서 자신에게 가장 이로운 대안을 선택할 경우 행복이 달성되는데

---

153 행복을 소망하는 바가 만족된 상태로 파악하는 관점과 주관적인 만족과 무관한 여러 요소들로 이루어진 것으로 보는 관점이 있다. 전자를 주관주의적, 후자를 객관주의적 행복관이라고 한다.

이는 비용편익분석을 통해 효율성이 달성되는 과정과 유사하다.

역사적으로 비용편익분석이라는 개념이 명시적으로 사용된 것은 1936년 미국의 홍수조절법이 처음이지만 이러한 개념이 이론적인 근거를 확보한 것은 1950년대에 후생경제학이 나타나면서부터이다. 비용편익분석의 이론적 기초인 후생경제학이 정책을 평가하는 완벽한 이론이라고는 할 수 없지만 상당히 유용한 틀(frame)인 것은 분명하다.

후생경제학의 장점은 다른 이론에 비해 구체적이라는 것이다. 우리가 살고 있는 세상은 파레토 효율적이지 않다. 가까운 장래에 파레토 효율성을 달성할 수 있는 것도 아니다. 그러나 정부의 사업에 의해 현실이 파레토 최적에 가까워질 수도, 멀어질 수도 있다. 사업 A의 순편익이 1,000억 원, 사업 B의 순편익이 100억 원이라는 것은 정책 A를 시행하면 파레토 최적에 더 접근할 수 있음을 의미한다. 특정 사업의 바람직한 정도를 이보다 더 명확하게 나타낼 수 있는 방법은 없다.[154]

비용편익분석의 철학적 기초가 되는 공리주의적 시각에서 공익은 어떻게 정의되는가? 공리주의적 공익을 정의하기 위해서는 먼저 공익이 무엇인지를 정의해야 한다. 헬드(Held)에 의하면 공익을 정의하는 대표적인 이론으로 우세이론(Preponderance theory), 공동 이익(common interest), 그리고 일원론적 개념(unitary conceptions)의 세 가지를 들 수 있다.

우세이론에서 공익은 특정 사회 내에서 우세한 혹은 과반수의 이익으로 정의된다. 우세는 힘, 여론, 혹은 효용 상의 우세를 의미한다. 소수가 아닌 다수로부터 공익을 도출한다는 점에서, 그리고 공익을 도덕적 기준과 결부시

---

154 다원화된 민주적인 사회에서 상대적으로 덜 조직화된 개인들의 이익은 정책에 반영되지 못하는데 비용편익분석을 수행하면 이익집단 간 경쟁에서 패한 약자들의 이익을 정책에 반영할 수 있다. 이러한 측면에서 비용편익분석은 실질적으로 공익을 달성하는 유용한 방법이라고 할 수 있다.

키지 않는다는 점에서 우세이론은 공리주의적 공익관이라고 할 수 있다.

공동 이익으로서의 공익관은 도덕적 관점과 만장일치를 고려한다는 점에서 우세이론과 구별된다. 여기에 해당하는 예로는 파레토 효율성, 공공재, 외부성(externality)을 들 수 있다.

끝으로, 일원론적 공익관에 의하면 다수의 힘, 견해, 효용이 공익은 아니며 자기 이익과 다르더라도 개인이 따를 수밖에 없는 도덕적 요소가 내재된 것이 공익이다. 공익은 사익이 결여하고 있는 도덕적 힘을 가지고 있어야 한다는 것이다.

헬드가 공익을 세 가지 관점에서 정의하였으나 공동 이익으로서의 공익관은 독립적인 공익 이론이라기보다는 우세이론의 특수한 형태라고 할 수 있다. 우세이론과 공동이익의 관계는 칼도-힉스 보상과 파레토 효율성의 관계와 유사하다. 또한, 공공재와 외부성 역시 시장 실패의 한 유형으로 새로운 내용이 아니다.

결국, 공익관은 우세이론과 일원론적 개념으로 대별되는데 전자를 공리주의, 후자는 도덕주의라고 할 수 있다. 따라서 공익관은 공익에 도덕적인(윤리적인) 요소를 포함시키느냐 포함시키지 않느냐에 따라 공리주의적 공익관과 비공리주의적 공익관으로 양분되며 비용편익분석은 전자에 해당된다.

3절 / 비용편익분석에 대한 비판적 검토

비용편익분석에 대한 비판은 두 가지 측면에서 가능하다. 하나는 기술적 측면에서 결과의 조작(manipulation)이 가능하다는 것이고 다른 하나는 공리주의적 공익관에 내재해 있는 효율성 지상주의가 윤리 이론으로서 적절하지 않다는 것이다. 후자에 있어서는 비용편익분석에 윤리성과 형평성을 반영할 수 있는지가 문제가 된다. 이 절에서는 먼저, 편익과 비용을 측정하는 과정에서 나타나는 기술적인 문제들에 대해서 논의한 후, 효율성과 윤리성 혹은 형평성이 양립할 수 있는지를 이론적으로 검토한다.

1. 기술적인 측면

1) 비례성

특정 사업으로 발생하는 다양한 편익을 비교하는 것은 기술적으로 매우 어렵다. 상이한 종류의 두 개의 편익을 비교하는 것은 두 편익을 하나의 척도로 잴 수 있음을 의미한다. 문제는 단순히 기술적으로 어렵다는 것이 아니라 상이한 범주에 속하는 편익을 비교하는 것이 불가능할 수 있다는 것이다. 다양한 편익을 동일한 척도로 재는 것은 편익의 속성이 동일하지 않는 한 타당하지 않을 수 있다.

예를 들어, 특정 지역에 고속도로를 건설함에 따라 교통사고로 인한 사망자가 줄고 한 사람당 이동 시간이 감소할 경우 감소한 사망자와 이동 시간의 감소를 동일한 척도로 잴 수 있어야 편익을 비교하고 더할 수 있다. 비용편익분석의 이러한 특성을 비례성이라고 하는데 편익과 비용을 화폐 단위로 측정하는 것은 비례성을 가정하기 때문에 가능하다.

사람이 사는 세상은 희소성(scarcity)의 법칙이 지배한다. 하나의 재화를 얻기 위해서는 다른 재화를 포기해야 한다. 성격이 다른 가치는 비교할 수 없다는 주장은 결과적으로 희소성의 법칙과 상충한다. 비용편익분석에서 특정한 편익의 크기가 화폐로 측정된다고 해서 그러한 편익이 금전적인 가치만을 가지는 것은 아니다. 편익의 다양한 측면을 돈이라는 단일한 척도로 재는 것에 불과하다. 따라서 비례성보다는 다양한 가치를 돈으로 환산할 수 있는가가 문제가 될 수 있다.

2) 상품화

상품화는 비례성과 구별된다. 다양한 가치를 단일한 척도로 잴 수 있다고 하더라도 그 척도가 화폐라는 것은 별개의 문제이다. 화폐로 환산할 수 없는 가치 즉, 상품화가 불가능한 가치가 존재할 수 있기 때문이다. 예를 들어, 비용편익분석에서는 환경, 보건, 안전 등의 화폐적가치가 측정되는데 이것이 타당하지 않다는 비판이 있다. 환경, 보건, 안전 등은 눈에 보이지 않는 무형의 가치인데 이를 물질적인 것으로 간주해서 화폐적가치를 측정한다는 것이다.

사람의 생명의 가치는 연구자에 따라서 10만 달러에서 57억 달러로 추정되는데 이렇게 큰 편차가 나타나는 것 자체가 사람의 생명의 가치를 상품화하는 것이 타당하지 않음을 반증한다는 주장도 있다. 사람의 생명, 건강, 환경 등은 대체가 불가능하다. 대체가 불가능한 재화의 가치를 화폐로 환산하는 것이 가능한가라는 의문이 제기될 수 있는데 기대효용이론(expected utility theory)과 지불의사금액의 개념을 사용하면 측정할 수 있다. 비용편익분석에서는 이러한 방식으로 보건, 환경, 안전과 관련된 사업의 타당성을 평가한다.

w를 소득, s를 대체가 불가능한 재화, x를 기타 재화라고 가정하면 특정 정책의 산출(output)은 (w, s, x)라는 하나의 행렬로 표시된다. s는 대체가 불가능한 재화이므로 개인이 그 재화를 가지고 있으면 1, 상실하면 0이 된다. 개인의 선호가 효용함수 U에 의해 표시되고 특정 정책으로 s를 상실할 확률이 r만큼 감소한다면 이 정책에 대한 지불의사금액(m)은 식 (10.4)와 같이 측정된다.

식 (10.4)의 왼쪽은 정책이 시행되기 전의 기대효용이고 오른쪽은 s를 상실할 확률이 p－r로 감소하고 개인이 m만큼의 대가를 지불하는 경우의 기대효용이다. 식 (10.4)의 양변이 같을 경우 즉, 정책 시행 전과 시행 후의 기대효용이 같아질 때 지불의사금액이 정의된다.

$$(1-p)U(s=1;w,x)+pU(s=0;w,x)$$
$$=(1-p+r)U(s=1;w-m,x)+(p-r)U(s=0;w-m,x) \quad (10.4)$$

비용편익분석은 환경, 보건, 안전, 생명 등의 화폐적가치를 측정하는 것이 아니라 그러한 문제와 관련된 사업의 가치를 측정하는 것이다. 환경이나 보건의 가치는 객관적으로 존재하지 않으며 그러한 가치가 어떤 정책을 통해 달성되는가라는 맥락(context)에 따라 크기가 달라진다. 왜냐하면, 개인의 지불의사금액은 정책의 맥락에 따라 달라지기 때문이다. 사람의 생명의 가치가 10만 달러이기도 하고 57억 달러이기도 한 이유는 개별 정책의 맥락이 다르기 때문이다.

다음과 같은 사례를 생각해 보자. 어느 지역에 10만 명의 흡연자가 있고 흡연자가 폐암에 걸릴 확률은 0.01%, 폐암 환자가 사망할 확률이 50%이면 이 지역에서 흡연으로 사망하는 사람은 50명일 것이다. 흡연으로 인한 사망자 수를 줄이는 정책은 세 가지가 가능하다. 정책 A는 흡연자가 폐암에 걸릴 확률을 0.005%로 낮추는 것이다. 정책 B는 흡연자 수를 5만 명으로 줄이는 것이며 정책 C는 폐암 환자의 사망 확률을 25%로 낮추는 것이다. 세 정책 모두 효과는 같다. 어떤 정책을 시행하든 흡연으로 인한 사망자 수는 50명에서 25명으로 감소한다.

그렇다면 이 세 정책의 가치 즉, 지불의사금액은 동일한가? 일반적으로 흡연자는 정책 A를 가장 선호하고 다음으로 정책 C를 선호하며 정책 B를 가장 싫어하기 때문에 정책 A에 대한 지불의사금액이 가장 클 것이다.[155]

3) 지불의사금액과 할인율

다음과 같은 경우를 생각해 보자. 한 사회가 두 사람, A와 B로 구성되고 개인은 세 가지 요소로부터 효용을 얻는다. 소득, 직업의 안전도, 그리고 상대적인 경제적 지위가 그것이다. A와 B의 효용은 소득이 높을수록, 직업이 안전할수록, 자신의 경제적 지위가 높을수록 커진다.

이 사회에는 두 종류의 직업이 있는데 하나는 안전한 대신 시간당 임금이 300원인 반면, 다른 하나는 위험하지만 시간당 임금이 350원이다. 또한, 자신의 상대적인 경제적 지위가 높으면 효용은 100원만큼 증가한다. 이러한 상황을 게임(game)으로 나타내면 [표 10-1]이 된다.

[표 10-1] 상대적인 경제적 지위를 고려한 게임

A	B	
	(안전한 직업, 300원의 임금)	(위험한 직업, 350원의 임금)
(안전한 직업, 300원의 임금)	(400원, 400원)	(300원, 450원)
(위험한 직업, 350원의 임금)	(450원, 300원)	(350원, 350원)

두 사람의 효용이 상대적인 경제적 지위와 무관하다면 이들의 선택은 모두 시간당 300원의 임금을 받는 안전한 직업이다. 왜냐하면, 위험한 직업을 택하면 임금이 50원 증가하지만 위험의 비효용은 100원이기 때문이다. 그러나 상대적인 경제적 지위가 효용함수에 포함되면 다른 사람의 소득이 자신의 효용에 영향을 주게 된다.

---

155 흡연자는 담배를 피워도 폐암에 걸리지 않는 것을 가장 선호하며 단순히 흡연자 수가 줄어서 사망자가 감소하는 것은 선호하지 않는다.

[표 10-1]에서 A의 지배적인 전략(dominant strategy)은 위험한 직업을 택하는 것이다. A가 위험한 직업을 선택하면 B가 어떤 선택을 하든 안전한 직업을 선택하는 경우에 비해 효용이 크기 때문이다. 이는 B도 마찬가지이다. 따라서 A, B 모두 위험한 직업을 선택하는 것이 균형이 되는데, 이는 두 사람 모두 안전한 직업을 선택하는 경우에 비해 열등하다. 이와 같이 개인의 선호가 독립적이지 않고 의존적이면 지불의사금액을 통해 정확한 효용을 측정할 수 없다.

순편익의 측정에서 나타나는 또 다른 문제는 미래의 순편익을 할인하는 것이다. 일정한 할인율을 적용하더라도 기간이 길어지면 순편익은 기하급수적으로(exponentially) 감소한다. 그러나 현실적으로 사람들의 심리적인 할인율은 현재로부터 먼 미래일수록 작아진다(hyperbolic).

[표 10-2]에서 어떤 사람이 상황 A에서 대안 1을 선택한다면 상황 B에서도 대안 1을 선택해야 한다. 그러나, 현실에서는 상황 A에서 대안 1을 선택한 사람들 중 대다수가 상황 B에서는 대안 2를 선택한다. 지금부터 먼 미래에 발생하는 순편익에 대해서는 낮은 할인율을 적용한다는 것이다. 이는 비합리적인 선택이다. 고려의 대상이 되는 기간의 차이가 1주일인 한, 지금 선택하든 52주 후에 선택하든 의사결정은 같아야 한다.

[표 10-2] 의사결정 시점과 할인율

	대안 1	대안 2
상황 A	오늘 받는 100원	일주일 후에 받는 105원
상황 B	52주 후에 받는 100원	53주 후에 받는 105원

2. 이론적인 측면

공리주의는 행위의 결과가 목적에 부합하는지를 중시하는 행위 중심의 윤리 이론이다. 밀에 의하면 행복은 목적으로서 바람직한 유일한 것이며 다른 모든 것은 그 목적에 대한 수단으로서만 바람직하다. 공리주의가 도덕적 상식을 거부하지는 않지만 윤리 혹은 도덕은 목적이 아닌 수단으로 간주된다. 후생경제학이 공리주의를 철학적 기반으로 삼고 있기 때문에 비용편익분석은 윤리 이론으로서 치명적인 약점을 가지고 있다는 비판이 있다.

도적적 의무론자들은 행위에 따른 편익, 비용과 무관하게 도덕적으로 나쁜 행위와 옳은 행위가 존재하며 옳은 행위는 반드시 행해져야 한다고 주장한다. 예를 들어, 남의 물건을 훔치는 것이 나쁜 행위인 이유는 그러한 행위의 비용이 편익보다 크기 때문이 아니라 피해자의 소유권이 침해되기 때문이다. 다른 사람의 소유권을 침해하는 행위는 옳지 않다는 것이다. 그러나 공리주의자들은 절대적인 의미에서의 도덕성을 인정하지 않는다. 공리주의자들은 경우에 따라서는 남의 물건을 훔치는 행위로부터 발생하는 편익이 비용보다 클 수 있으며 그 경우 물건을 훔치는 행위는 윤리적이라고 주장한다.

비용편익분석은 정부가 공공사업을 선택하는 과정에서 사용하는 제도적인 수단이기 때문에 윤리성이라는 측면에서 정당성(justification)을 확보해야 한다. 다만, 비용편익분석은 바탕이 되는 이론이 정당하기 때문이 아니라 그것을 통해 나타나는 결과가 유용하기 때문에 정당하다고 할 수 있다.

또한, 개별 행정기관은 복잡한 제도적 틀 내에서 각자의 기능을 수행하기 때문에 윤리성은 개별 행정기관의 차원이 아닌 다양한 행정기관들로 구성된 정치체제 차원에서 논의되어야 한다. 개별 행정기관이 모두 윤리적일 필요는 없다는 것이다.

1) 윤리성

여기서는 두 측면에서 비용편익분석과 윤리성의 상충 문제를 다룬다. 첫 번째 문제는 나스바움(Nassbaum)이 명명한 비극적 질문(tragic question)과 관련된 것으로 비용편익분석의 근본적인 한계에 대한 논의이며, 두 번째 문제는 콘하우저(Kornhauser)가 제기한 것으로 비용편익분석과 윤리성을 결합할 경우 효율성과의 충돌을 피할 수 없다는 주장이다.

(1) 비극적 질문

현실에서 직면하는 문제는 크게 두 종류로 구분된다. 하나는 명확한 질문(obvious question)으로 이는 우리가 당연히 해결해야 할 문제이다. 이러한 문제에 있어서는 가능한 해결책 중에서 최선의 것을 찾으면 되기 때문에 비용편익분석이 유용하다. 다른 하나는 비극적 질문으로 모든 해결책이 비윤리적인 경우를 의미한다. 비극적 질문이 야기하는 문제는 단순히 문제를 해결하기 어렵다는 것이 아니다. 가능한 모든 대안이 비윤리적이면 현실적으로 해결책은 존재하지 않는 것이 된다.

비용편익분석이 비극적 질문에 대한 해결책을 제시할 수 있는가? 이는 윤리성이 비용편익분석에 포함될 수 있는가라는 질문이다. 비용편익분석을 통해 비윤리적인 대안을 배제할 수 있는 방법은 비윤리성에 대해 충분히 큰 비용(부(-)의 지불의사금액)을 부여하는 것이다.[156] 이렇게 하면 비윤리적인 대안의 순편익은 부(-)가 되기 때문이다. 예를 들어, 특정 정책에 의해 어린 아이들이 교육을 받을 수 있는 권리가 침해된다면 비극세를 부과해서 그러한 정책이 채택되지 않도록 할 수 있다.

---

156 이를 비극세(tragedy tax)라고 한다.

그러나 교육을 받을 수 있는 권리는 인간의 존엄성으로부터 도출되기 때문에 박탈할 수 있는 것이 아니다. 이러한 권리를 박탈할 경우 다른 권리를 충분히 보장하더라도 보상이 되지 않는다. 대다수 민주국가는 비극적 질문을 고려하고 있다. 민주적인 정부는 자신이 내세운 사회적 목표가 있고 그러한 목표 중에서 일부는 천부적인 권리로 인정된다. 어떤 사회에서는 천부적인 권리가 제한적으로 인정되는 반면, 다른 사회에서는 폭넓게 인정된다. 특정 정책으로 인해 이러한 권리 중 일부가 침해되면 그 정책은 비윤리적인 것으로 간주된다.

여기서 중요한 문제는 천부적인 권리에 어떤 것들이 포함되며 어느 정도로 보장하는 것이 최저선인지를 결정하는 것이다. 너무 많은 항목을 국민의 권리로 인정하고 최저선을 높게 설정하면 거의 모든 정책이 이 조건을 충족시키지 못하기 때문에 비윤리적인 정책으로 간주될 것이다. [표 10-3]은 리처드슨(Richardson)이 제시한 천부적인 권리의 예이다.

[표 10-3] 천부적인 권리

권 리	내 용
생명	정상적인 기간 동안 생존하는 것, 성년이 되기 전에 사망하지 않는 것
건강	건강하게 출산하는 것을 포함, 적절하게 영양을 섭취하는 것, 적절한 쉼터가 제공되는 것
신체의 온전함 (integrity)	이동의 자유; 폭력(성적 폭력)으로부터 안전을 확보하는 것; 출산 여부를 선택하는 것
감각, 상상, 사고	문자 해독, 산수, 과학에 관한 기본적인 교육; 종교적, 문학적, 음악적 작품을 표현하고 만들어 내는 과정에서 자유롭게 상상하고 사고하는 것; 종교 행사의 자유; 정치적, 예술적 연설에서의 표현의 자유

권리		내용
감정		사랑하고 슬퍼하고 감사를 표시하고 정당한 분노를 표출하는 것
이성		선(good)에 대한 개념을 정립하고 자신의 삶의 계획을 비판적으로 성찰하는 것; 양심과 종교의 자유
유대	사회적 상호작용	상대방의 처지를 이해하는 것; 집회와 정치적 연설의 자유
	자존감	타인과 동등한 가치를 가지는 존엄한 존재로 다루어지는 것; 인종, 성, 성적 지향, 종교, 계급, 국적에 의해 차별받지 않는 것
기타 종(species)		동물, 식물, 자연 환경과 관계를 맺고 더불어 살아가는 것
유희		웃고 즐기고 여가 활동을 할 수 있는 것
환경에 대한 통제	정치적 측면	자신의 삶에 영향을 주는 정치적 의사결정에 효과적으로 참여하는 것; 연설과 결사의 자유
	물질적 측면	소유권을 보유하는 것; 차별이 없는 상태에서 구직하는 것; 인간으로서 일을 할 수 있는 것; 직장 동료와 유의미한 관계를 맺는 것

(2) 권리와 선호의 상충

다음과 같은 게임을 생각해 보자. 먼저, 권리(right)라는 개념을 정의하면 권리는 의사결정의 권한을 배분하는 방식이다. '자유주의적 권리(liberal rights)'하에서 개인은 자신의 행위를 스스로 결정할 수 있는 반면, '비자유주의적 권리(illiberal rights)'하에서는 다른 사람이 자신의 행위를 결정한다.

자유주의적 권리하에서 두 사람 A와 B가 포르노 비디오를 시청할 것인지, 시청하지 않을 것인지를 결정한다면 발생할 수 있는 경우의 수는 네 가지이다. 이를 게임으로 나타내면 [표 10-4]가 되는데 이 게임에서 A의 선호 체계는 $d > b > c > a$이고 B의 선호체계는 $a > b > c > d$이다. 이 게임에서 A의 지배적인 전략은 포르노 비디오를 시청하지 않는 것이고 B의 지배적인 전략은 포르노 비디오를 시청하는 것이다. 따라서 A는 포르노 비디오를 시청하지 않고 B는 시청하는 경우(c)가 균형이 되며 두 사람의 보수(pay-off)는 공통적으로 2원이 된다.

[표 10-4] 자유주의적 권리하에서의 게임

A	B	
	포르노 비디오를 보는 경우	포르노 비디오를 안 보는 경우
포르노 비디오를 보는 경우	a	b
포르노 비디오를 안 보는 경우	c	d

A	B	
	포르노 비디오를 보는 경우	포르노 비디오를 안 보는 경우
포르노 비디오를 보는 경우	(1원, 4원)	(3원, 3원)
포르노 비디오를 안 보는 경우	(2원, 2원)	(4원, 1원)

반면, 비자유주의적 권리를 가정하면 A의 행위는 B가, B의 행위는 A가 결정한다. 이러한 게임은 [표 10-5]와 같이 표시된다. 이 게임에서 A의 지배적인 전략은 B가 포르노 비디오를 안 보게 하는 것이고 B의 지배적인 전략은 A가 포르노 비디오를 시청하게 하는 것이므로 균형은 b가 되며 두 사람의 보수는 공통적으로 3원이 된다.

따라서 두 사람은 자유주의적 권리보다 비자유주의적 권리를 선호할 것이다. 자신의 행위를 자신이 결정하는 자유주의적 권리가 도덕적으로 우월하지만 자유주의적 권리하에서는 보수가 작아지기 때문에 윤리성과 효율성은 상충한다.

[표 10-5] 비자유주의적 권리하에서의 게임

A	B	
	A가 비디오를 보는 경우	A가 비디오를 안 보는 경우
B가 비디오를 보는 경우	a	c
B가 비디오를 안 보는 경우	b	d

A	B	
	A가 비디오를 보는 경우	A가 비디오를안 보는 경우
B가 비디오를 보는 경우	(1원, 4원)	(2원, 2원)
B가 비디오를 안 보는 경우	(3원, 3원)	(4원, 1원)

[표 10-4]와 [표 10-5]에서 개인은 주어진 권리하에서 자신의 효용을 극대화하는 것으로 가정하였다. 이러한 게임에 권리에 대한 선호를 두 가지 방식으로 도입할 수 있다.

첫째, 권리를 도구적 측면에서 가치를 가지는 것으로 생각할 수 있다. 이 경우에는 개인이 자신의 효용을 계산할 때 권리에 대한 선호가 포함되기 때문에 [표 10-4]와 [표 10-5]와 같은 보수행렬에 권리의 가치가 이미 포함되어 있다고 할 수 있다.

둘째, 권리 자체가 가치를 가지는 것으로 간주하면 게임은 복잡해진다. 이 경우, 권리는 주어진 것이 아니라 선호의 한 요소가 된다. 개인은 자신에게 돌아오는 보수의 크기만을 따지는 것이 아니라 자신의 몫이 어떤 절차를 통해 결정되는가에 관심을 가지게 된다.

우리의 사례에서는 '포르노 비디오를 시청하느냐. 시청하지 않느냐' 외에도 그러한 행위를 '내가 선택하느냐(자유주의적 권리), 다른 사람에 의해 강제되느냐(비자유주의적 권리)'도 보수에 영향을 준다. 즉, 선호의 영역이 S{a, b, c, d}에서 R{자유주의적 권리, 비자유주의적 권리} × S{a, b, c, d}로 확장된다.

다만, 권리를 선호에 포함시킨다고 해서 윤리성과 효율성의 상충 문제가 해결되지는 않는다. 어떤 사람이 (자유주의적 권리, b)를 (자유주의적 권리, c)보다 선호하더라도 (자유주의적 권리, c)를 (비자유주의적 권리, b)보다 선호할 수 있다. 권리가 주어져 있는 상태에서의 선호체계가 권리를 선택할 수 있는 경우에도 유지된다는 보장은 없다.

선호와 도덕적 믿음(belief)은 구별되어야 한다. 도덕적 믿음은 판단(judgement)의 문제이기 때문이다. 정의와 윤리는 판단의 영역이며 선호의 표현이 아니다. 선호와 믿음을 구별하는 것은 중요한데 그 이유는 선호와 선호의 충돌을 해결하는 방식과 믿음과 믿음의 충돌을 해결하는 방식이 다르기 때문이다.

선호가 충돌할 경우에는 다수결의 원칙으로 해결할 수 있지만 믿음이 충돌할 때는 다수결로 해결할 수 없다. 믿음은 증거(evidence)에 의존하기 때문에 개인의 믿음을 합산해서 사회적 믿음을 도출하기 위해서는 개인 간에 증거가 공유되어야 한다.[157]

---

157 위험과 관련된 사업에 대한 비용편익분석에서 위험이 발생할 확률에 관한 정보가 개인에게 제공되면 모든 사람은 동일한 정보를 공유하므로 결과적으로 동일한 사업에 대하여 지불의사금액을 표시하게 된다. 그러나 충분한 정보가 제공되지 않으면 사람들은 자신의 주관적인 확률을 바탕으로 지불의사금액을 계산하기 때문에 결과적으로 다른 재화에 대해 가격을 매기게 된다. 이렇게 되면 지불의사금액을 합산하는 것은 무의미해진다.

2) 형평성

모든 정책은 근본적으로 형평성을 추구하지만 개별 정책은 근본적인 가치보다는 정책 자체의 목표를 달성하는 데 중점을 두게 된다. 정책의 성격에 따라 형평성보다는 효율성을 중시할 수 있는데 행정학에서는 형평성을 사회적 맥락과 관련지어서 이해한다. 프리데릭슨(Frederickson)의 정의에 따르면 형평성은 인간과 인간의 상호작용을 규제하는 공정성과 정당성 그리고 올바른 대우의 정신과 습관을 의미한다. 따라서 그것은 자연권이나 정의와 동의어가 된다.

카프로우와 샤벨(Kaplow and Shavell, 2003)은 정책을 평가하는 기준으로 형평성을 고려할 필요가 없다고 주장하였다. 비용편익분석에서는 특정 정책이 개인의 효용에 어느 정도의 영향을 주는지를 분석하는 데 개인의 효용함수에는 형평성에 대한 선호도 포함된다. 그러나 효용함수의 한 요소로 형평성이 고려되는 것과 정책을 평가하는 독립적인 기준으로 형평성을 고려하는 것은 구별되어야 한다. 개인의 효용이 형평성에 의해 영향을 받는다면 이를 효용함수에 포함시키는 것은 당연하지만 비용편익분석과는 별개의 평가 기준으로 형평성을 고려하는 것은 바람직하지 않다는 것이 이들의 주장이다. 효용과 관련이 없는 즉, 효율성에 포함되지 않는 평가 기준들을 통칭해서 형평성이라고 한다면 형평성을 고려할 경우 모든 사람의 후생이 나빠질 수 있음을 이들은 증명하였다.

이러한 주장에 대해 크라스웰(Craswell)은 형평성과 효율성을 모두 고려할 수 있는 평가 방법을 제시하였다. 이는 일종의 혼합 모형인데 특정 정책에 대한 평가는 2단계로 이루어진다. 먼저, 두 개의 대안 중에서 하나가 다른 하나보다 파레토 우월하지 않으면 상대적으로 공평한 대안을 선택한다. 반면, 한 대안이 다른 대안보다 파레토 우월하면 파레토 우월한 대안을 선택한다. 경우에 따라서 형평성 혹은 효율성만을 기준으로 의사결정을 하는 것이다.

카프로우와 샤벨이 지적했듯이, 크라스웰의 방법을 적용하면 의사결정의 일관성이 깨질 수 있다. 다음과 같은 경우를 생각해 보자.

[표 10-6] 크라스웰의 혼합 모형

	x	y	z
A의 효용	50원	40원	100원
B의 효용	50원	60원	55원
합계	100원	100원	155원

한 사회가 A와 B, 두 사람으로 구성되어 있고 가능한 정책은 x, y, z이다. 사업의 시행에 따른 두 사람의 효용은 [표 10-6]과 같다. 이 사례에 크라스웰의 방법을 적용하면 어떤 대안이 선택되는가? x와 y를 비교하면 어느 한쪽이 파레토 우월하지 않기 때문에 보다 공평한 x가 선택된다. y와 z를 비교하면 역시 어느 한쪽이 파레토 우월하지 않기 때문에 y가 선택된다. 결국, 이행성(transitivity)에 의해 최종적으로 x가 선택되지만 x와 z를 비교하면 z가 x보다 파레토 우월하기 때문에 z가 선택된다. 이는 모순이다.

이 밖에도 크라스웰 모형은 성과의 작은 변화에 의사결정이 민감하게 반응한다는 약점을 가지고 있다. 원인은 한 대안이 다른 대안보다 파레토 우월하면 효율성만을, 파레토 우월하지 않으면 형평성만을 고려하기 때문이다.

예를 들어, 두 사람으로 구성된 사회에서 정부가 정책 A를 시행하면 정책 B를 시행할 경우에 비해 소득 분배가 불공평해지고 이로부터 발생하는 비효용이 1천만 원일 경우 크라스웰 모형을 적용하면 아래와 같은 결과가 나타난다. 0.0001원의 편익의 차이에 의해 선택이 바뀐다.

(가) A를 시행할 경우 편익이 10,000,000.0001원 더 발생하면 A가 선택된다.

(나) A를 시행할 경우 편익이 10,000,000원 더 발생하면 B가 선택된다.

1960년 *Journal of Law and Economics*의 창간호에 실린 "The problem of social cost"에서 코우스(Coase)는 재분배가 가능한 사회에서 형평성과 효율성은 충돌하지 않는다는 사실을 증명하였다. 이에 따라 정부의 사업이나 정책, 그리고, 법적 원칙의 평가에 있어서 효율성을 잣대로 사용하면 충분하며 형평성은 고려할 필요가 없게 되었다. 정부의 사업으로 효율성이 달성되면 성과를 적절하게 재분배함으로써 형평성도 달성할 수 있기 때문이다. 이러한 주장은 앞에서 논의한 칼도-힉스 보상 기준과 논리적으로 연결된다.

소득을 재분배하는 방식에는 두 가지가 있다. 하나는 특정 사업이나 정책의 결과로 재분배가 이루어지는 것이고 다른 하나는 조세-보조금을 통해 소득을 재분배하는 것이다. 전자의 경우에는 재분배가 간접적으로 이루어지는 반면, 후자에 있어서는 직접적으로 재분배가 이루어진다. 두 방식 모두에 있어서 재분배를 하는 과정에서 비용이 발생한다. 문제는 어떤 방식을 통해 재분배를 해야 비용이 적게 드느냐이다.

조세-보조금 정책이 재분배 정책으로서 선호되는 이유는 이 방식을 시행할 경우 비용이 적게 들기 때문이다. 특정 정책을 평가하는 데 있어서 효율성만을 고려하면 된다는 주장은 특정 정책을 통해 형평성을 제고하는 것이 효율적이지 않다는 것을 의미한다. 정부 정책을 통해 파이(pie)를 키우고 키워진

파이를 조세-보조금 정책을 통해 나누는 것이 효율성과 형평성을 달성하는 가장 바람직한 방법이다. 이러한 측면에서 비용편익분석과 형평성은 상충하지 않는다.[158]

3. 대안의 모색

비용편익분석에 대한 이상의 비판을 요약하면 비용편익분석을 바탕으로 대안의 우선순위를 정하는 것은 바람직하지 않다는 것이다. 공적인 의사결정 과정에서 고려해야 할 다양한 가치를 고려하지 않은 상황에서는 비용편익분석이 규범적인 기준이 될 수 없다는 의미이다. 즉, 지불의사금액 외에도 환경의 가치, 차별, 정의 등과 같은 요소들이 균형적으로 고려되어야 한다. 미국의 대표적인 보수적인 연구기관인 AEI(American Enterprise Institute)의 보고서에도 다음과 같은 구절이 나온다.

> 환경, 보건, 안전에 관한 각종 규제에 대한 평가에 있어서 비용편익분석은 반드시 수행되어야 한다. 그러나 행정기관의 장은 비용편익분석의 결과에 집착해서는 안 된다. 비용편익분석의 결과는 특정 규제의 예상되는 비용이 편익에 비해 지나치게 큼에도 불구하고 그러한 규제를 시행해야 할 경우에 참고할 수 있는 자료이다.

---

158 정부사업을 통한 재분배는 정확도도 떨어진다. 정부사업의 편익이 가난한 사람에게만, 비용은 부자에게만 집중되는 경우는 거의 없다. 가난한 사람들 중 일부가 비용을 부담할 수 있고 부자들 중 일부가 편익을 얻을 수 있다. 이렇게 되면 재분배 효과는 약해진다. 이에 반해 조세-보조금 정책은 부자로부터 세금을 거두어서 가난한 사람에게 보조금을 지급하기 때문에 정확도가 매우 높다.

비용편익분석에서는 개인별 지불의사금액을 측정한 후 이를 합산해서 사업을 평가한다. 이 과정에서는 듀이가 제안한 실용적인 현명함이 적용될 여지가 없다. 듀이의 실용적 현명함은 새로운 정보를 획득함에 따라 행위의 목표를 바꾸는 유연함을 의미한다. 특정 사업이 진행됨에 따라 편익과 비용에 관한 추가적인 정보를 얻을 수 있으므로 이를 바탕으로 사업의 목적 혹은 목표가 수정되어야 한다. 그러나 대부분의 비용편익분석에서는 정책의 목표가 고정되어 있는 것으로 가정하고 대안별로 상대적인 효율성을 측정하기 때문에 실용적 현명함이 적용되지 않는다.

듀이의 실용적 현명함을 정책 평가에 적용하면 정책의 목표가 변경되거나 극단적인 경우 정책 자체가 포기되어야 한다. 특정 시점에서 우리가 얻을 수 있는 편익과 비용에 관한 정보는 완전하지 않기 때문에 그것을 바탕으로 한 의사결정 역시 완벽하지 않다. 완벽한 의사결정은 시간이 지나면서 축적되는 경험에 의존한다. 센 역시 다음과 같은 말로 실용적 현명함의 중요성을 강조하였다.

> 현재 당신이 그 의자에 앉아 있는 것을 보고 나는 당신이 아무 생각 없이 그 의자에 앉았다고는 생각하지 않는다. 그러나 나는 당신이 그 의자를 선택한 시점에서 다른 의자에 앉아야 하는 이유와 앉지 말아야 하는 이유를 모두 고려했다고는 생각하지 않는다.

현실에서 실용적 현명함을 실현하기 위해서는 세 가지 조건이 충족되어야 한다. 첫째, 정책의 목표를 구체화하거나 정교하게 만듦으로써 고려의 대상이 되는 대안의 수를 줄여 나가야 한다. 둘째, 첫 번째 과정을 거치고도 복수의 정책적 목표가 존재하면 복수의 목표를 중심으로 대안을 평가해야 한다. 셋째,

복수의 목표 중에서 일부가 실현 불가능하면 사업이나 계획 자체를 철회해야 한다.

비용편익분석은 개인의 선호에 관한 자료를 수집해서 보고하는 데 그친다는 점에서 숙고(deliberation)의 측면에서는 제3자적인 모형이다. 현명한 숙고(intelligent deliberation)가 이루어지기 위해서는 편익과 비용이 1차적인 당사자의 입장에서 고려되어야 한다. 경우에 따라서는 정책의 목표를 수정하는 것이 가능해야 제3자가 아닌 1차 당사자의 관점에서 정책을 평가할 수 있다.[159]

159 현실에서 정책과 관련된 의사결정은 관료들에 의해 이루어진다. 관료들은 자신만의 의제(agenda)를 가지고 있고 국민의 선호를 중시하기보다는 지대(rent)를 추구할 수 있기 때문에 다양한 이익집단 중에서 가장 높은 가격을 제시하는 집단에 정책을 팔 수 있다. 현명한 숙고는 의사결정의 권한이 국민에게 있을 경우에는 제대로 작용하지만 관료들이 의사결정의 권한을 가지고 지대를 추구할 경우에는 시장에서 표출된 개인의 선호를 바탕으로 의사결정을 하는 것보다 나쁜 결과가 나타날 수 있다. 물론, 비용편익분석 역시 관료의 지대추구라는 문제로부터 자유로울 수 없다. 현명한 숙고든 비용편익분석이든 관료의 선의를 가정해야 바람직한 결과를 기대할 수 있다.

참고문헌

강준호, (2009), 「현대 공리주의 동향에 관한 연구」, 『철학연구』, 93, pp. 175~199.

_____ , (2006), 「공리주의의 복리 개념」, 『철학연구』, 72, pp. 223~242.

고태호, (2010), 『공공재의 가치: 공공재의 가치 측정과 비용편익 분석』, 한국학술정보.

김경환 외, (2005), 『수도권 집중의 사회적 비용 편익 추정의 검증』, 경기개발연구원.

김광임 외, (1997), 『음식물쓰레기 처리방법별 기술 및 비용편익분석 연구』, 한국환경정책평가연구원.

김도균, (2006), 「법 원리로서의 공익: 자유주의 공익관의 시각에서」, 『법학』, 47(3), pp. 155~215.

김동건, (2008), 『비용편익분석』, 박영사.

김유환, (2006), 「영미에서의 공익 개념과 공익의 법문제화」, 『법학』, 47(3), pp. 52~88.

김태윤 · 김상봉, (2004), 『비용편익분석의 이론과 실제: 공공사업평가와 규제영향분석』, 박영사.

김태윤, (1999), 『규제영향분석을 위한 비용편익분석 기법』, 한국행정연구원.

김홍배, (2003), 『정책평가기법-비용편익분석론』, 나남.

_____ , (2000), 『비용편익분석론』, 홍문사.

_____ , (1997), 『비용편익분석론: 계획가와 정책가들을 위한 Notebook』, 홍문사.

문형표, (2009), 『김연아 빙상경기장 건립사업』, 한국개발연구원 공공투자관리센터.

박정순, (2003), 「개인이익과 공익의 자유주의적 관련 방식」, 『철학연구』, 61, pp. 203~220.

박현 · 유경준 · 곽승준, (2004), 『문화시설의 가치추정 연구』, 한국개발연구원.

신관호 외, (2003), 『동아시아통화통합의 비용편익분석과 정치경제학적 함의』, 대외경제정책연구원.

심상달 외, (2004), 『예비타당성조사 수행을 위한 일반지침 수정 · 보완 연구(제4판)』, 한국개발연구원.

오정훈 · 곽승준, (2003), 「정부연구개발사업의 평가모형: AHP와 MAUT의 비교 및 적용가능성을 중심으로」, 『정부학연구』, 9(2).

윤광진, (2009), 『입법평가적용을 위한 비용편익연구』, 한국법제연구원.

이만우, (2004), 『신공공경제학』, 율곡출판사.

이성우, (1995), 『정부규제의 비용편익분석기법 개발』, 한국행정연구원.

임의영, (1994), 「사회적 형평성과 민주주의의 기본 원리: 행정학적 가치규범의 정치철학적 문제점」, 한국행정학회 발표문.

Adler, M. D., & Posner, E. A., (2000), Cost-benefit analysis: Legal, economic, and philosophical perspectives, *Journal of Legal Studies,* 29(2), pp. 837~842.

Adler, M. D. & Posner, E. A., (2001), *Cost-benefit analysis: Legal, economic, and philosophical perspectives,* The University of Chicago Press.

Aidan, R. V. & David, L. W., (1992), Welfare economics as the foundation for public policy analysis: Incomplete and flawed but nevertheless desirable, *Journal of Socio-Economics,* 21(1), pp. 25~37.

Anderson, J. E., (2006), *Public policymaking: An Introduction*, Houghton Mifflin Company.

Arrow, K. J., & Lind, R. C., (1970), Uncertainty and the evaluation of public investment decisions, *The American Economic Review,* 60(3), pp. 364~378.

Boardman, A. E., Greenberg, D. H., Vining, A. R., & Weimer, D. L., (2001), *Cost-benefit analysis: Concepts and practice*. Upper Saddle River, NJ: Prentice Hall.

Brent, R. J., (2006), *Applied cost-benefit analysis*. Edward Elgar Publishing.

De-Rus, G., (2010), *Introduction to cost-benefit analysis: Looking for reasonable shortcuts,* Edward Elgar Pub.

Hanley, N., Spash, C. L., & Cullen, R., (1993), *Cost-benefit analysis and the environment,* Elgar.

Hines, J. R., (1999), Three sides of harberger triangles, *The Journal of Economic Perspectives*, 13(2), pp. 167~188.

Kaplow, L., & Shavell, S., (2003), Fairness versus welfare: Notes on the pareto principle, preferences, and distributive justice, *The Journal of Legal Studies,*

32, pp. 331~362.

Kornhauser, L. A., (2003), Preference, well-Being, and morality in social decisions, *The Journal of Legal Studies*, 32(1), pp. 303~329.

Kraft, M. E., & Furlong, S. R., (2007), *Public policy: Politics, analysis, and alternatives*, CQ Press.

Lewis, A. K., (2003), Preferences, well-being, and morality in social decisions. Journal of Legal Studies, 32, pp. 303~329.

Louis, K. & Steven, S., (2003), Fairness versus welfare: Notes on the pareto principle, preferences, and distributive justice, *Journal of Legal Studies*, 32, pp. 331~362.

McDavid, J. C. & Hawthorn, L. R. L., (2006), *Program evaluation & performance measurement: An introduction to practice,* Sage Publications, Inc.

Musgrave, R. A., (1959), *The theory of public finance*, McGraw-Hill.

Polinsky, A. M., (1989), *An introduction to law and economics*, Aspen Publishers.

Posner, E. A., & Sunstein, C. R., (2010), *Law and happiness*, University of Chicago Press.

Sassone, P. G. & Schaffer, W. A., (1978), *Cost-benefit analysis: A handbook,* Academic Press New York.

Vining, A., & Weimer, D. L., (1992), Welfare economics as the foundation for public policy analysis: Incomplete and flawed but nevertheless desirable, *The Journal of Socio-Economics,* 21(1), pp. 25~37.

Weimer, D. L. & Vining, A. R., (2005), *Policy analysis: Concepts and practice,* Prentice Hall.

찾아보기

[ㅊ]

[ㅋ]

[ㅍ]

[ㅎ]